仁爱

中华文化的核心力量

总主编　翟　博

分册主编　韩　星

中国大百科全书出版社

图书在版编目（CIP）数据

中华优秀传统文化教育读本. 仁爱／翟博主编；韩星分册主编.
—北京：中国大百科全书出版社，2020.6

ISBN 978-7-5202-0725-6

I.①中…　II.①翟…②韩…　III.①中华文化—青少年读物
IV.① K203-49

中国版本图书馆 CIP 数据核字（2020）第 048578 号

出 版 人　刘国辉
策 划 人　曾　辉
责任编辑　曾　辉
封面设计　许　烈
责任印制　常晓迪
出版发行　中国大百科全书出版社
地　　址　北京市阜成门北大街 17 号　　　邮政编码　100037
电　　话　010-88390636
网　　址　http://www.ecph.com.cn
印　　刷　保定市铭泰达印刷有限公司
开　　本　880 毫米 ×1230 毫米　　1/32
印　　张　7.75
字　　数　165 千字
印　　次　2020 年 6 月第 1 版　2021 年 8 月第 3 次印刷
书　　号　ISBN 978-7-5202-0725-6
定　　价　39.00 元

目录

‖ 序一 »

张岂之

　　《中华优秀传统文化教育读本》丛书经过几位作者的不懈努力，终于和读者见面了。这是一件值得祝贺的事。

　　深入学习、宣传、普及中华优秀传统文化，已经成为全社会的共识，我们现在要做的一项重要工作，就是要在具体落实上多下功夫。2017年1月，中共中央办公厅、国务院办公厅印发《关于实施中华优秀传统文化传承发展工程的意见》（以下简称《意见》），要求着重研究和宣传中华优秀传统文化的核心思想观念，宣传中华传统美德，发扬中华人文精神。《意见》提出："把中华优秀传统文化全方位融入思想道德教育、文化知识教育、艺术体育教育、社会实践教育各个环节。"这套丛书的出版，可以看作是落实中央精神的具体体现。

在目前众多的中华优秀传统文化普及性图书中，这套丛书有两个鲜明特色：

其一，对中华优秀传统文化的概括论述比较全面。中华文明有五千年的历史传统，对于青少年和初学者而言，首先要把握精华，然后再逐步深入。这套丛书，按照习近平总书记提出的"讲仁爱、重民本、守诚信、崇正义、尚和合、求大同"展开论述，精准全面，把儒家的核心精神概括进去了，具有一定的系统性。

其二，这套丛书在编排设计上，将理论阐发、经典介绍、历史故事综合编排，这样既符合青少年的学习认知规律，也避免枯燥生硬，具有可读性。

这套丛书的出版，开了一个好头，我相信一定会有较好的社会效益。在这里，我也想借此机会对年轻的读者朋友提两点参考意见。

首先，中国的传统文化博大精深，对于青年人而言，有必要循序渐进，以便逐步全面把握、深入理解。以先秦诸子为例，除儒家外，还有阴阳家、墨家、名家、法家、道家、兵家、杂家、纵横家、农家、小说家等，号称百家之学，其中蕴藏着丰富的内容，有待于今人"取其精华、去其糟粕"。现代文学家朱自清先生，为青年人写的《经典常谈》，就包括诸子百家的哲学，《左传》《国语》《史记》《汉书》的史学，辞赋诗文的文学。可喜的是，这些内容在这套丛书中可以略见一二。

其次，在学习方法上，提倡学思结合，知行结合。《中庸》说："博学之，审问之，慎思之，明辨之，笃行之。"把学问思辨行融贯为一个整体；把学得的知识落实到个人素质的培养锻炼中，落实到认识和改造社会的实践中。这样有助于把对中华优秀传统文化的学习成果奉献给社会，从而更好地实现其现代价值和意义。

我与这套丛书的主编翟博先生相识多年，他青年时代在西安求学，研究生毕业后一直从事教育工作，现在担任中国教育报刊社的领导。多年来他在推动中华优秀传统文化的普及宣传方面，做了很多具体切实的工作。他邀我为这套丛书写几句话，我乐于撰稿。希望这套丛书能得到读者朋友们的欢迎，并期盼大家多提宝贵意见，以便大力促进中华优秀传统文化在当今社会的普及和提高。

序二 >>>

楼宇烈

习近平总书记将中国传统文化的精神用"仁爱、民本、诚信、正义、和合与大同"进行总结，不仅具有高度的概括性，同时也具有极强的时代性与人类共性。

从今天人类面临的生态危机、道德危机、不可持续危机以及人类异化危机等来看，西方商业文化不具有普世价值，而中国传统农耕文化中的"仁爱、民本、诚信、正义、和合、大同"等价值观使人类与自然及人类自身产生了和谐，反而使人类具有了和谐与可持续的未来。

也因此说中国传统文化具有天下性、道德性、社会主义性。天下性，在于思考问题的全局性。它不局限于从自身、自家思考问题，也不局限于从企业方面思考问题，甚或不局限于从国家方面思考问题，而是从人类、世界、众生、宇宙之广度思考问题，总之从宇宙至健之无比广大的秩序思考问题。现在西方文化主流思想是围绕资本利益的，至多在于为资本利益集团之联合体服务，至于占绝大多数的工人阶级以及广大民众的利益则只是敷衍，其工具性很强，这与中国故有之"仁爱、民本"思想格格不入。

道德性，在于将道德贯穿于文化的各类形式之中。政治之道德性表现为政治伦理化；法律之道德性在于法律要与正义相吻合；经济之道德性在黜奢崇俭、贵义贱利，还有不伤害三农；教育之道德性在于培养以德为主的德智体美劳兼备之才；军事之道德性在于出师有名，以防御为主，不首先侵略他国；等等。

社会主义性，在于"民本""仁爱""大同"；在于"以人民为中心"；在于"不患寡而患不均"；在于"耕者有其田"；在于以家庭为单位按照人口多寡分配的土地分配制度，虽此制度性质为私有制，但分配是平均的，是为民制"恒产"；同时，在家庭内部财产是共有的，这种共有制应该说具有社会主义性，将此家庭共有推扩至朝廷，则为天下为公。

古代政权在形式上表现为天下一姓，其实呢？能继位者只有一人，大多数人皆变为平民。与此同时，任贤为要，绝不以与皇室之近为由而被任为宰相、尚书等。而宰相与六部尚书等，常常来于乡野之家，尤其科举制推行以来，"朝为田舍郎、暮登天子堂"已不是什么新鲜事。

仁爱，是孔子讲的，其要义在人与人相感，你敬我一尺，我敬你一丈；你把我视同兄弟，我同样把你当作兄弟；君以礼待臣，臣子相应以忠侍奉君。当然以直报怨，也是相感之意。以孔子的教导，"己所不欲，勿施于人"是实现仁爱的根本方法，其通在人心。对具体做法而言则是以慈孝始，父慈子孝，父慈为当然之事，子孝也接近当然之事，但较之父慈为难，所以孝成为实现仁爱的基本途径。有孝心，推及兄弟姐妹则为悌，推及夫妻则为义，推及朋友则为信，推及君臣则为忠，于是乎五伦成为实现仁爱的基本方法。天下在五伦的相互感动下而为一家，建立在五伦基础上的制度，自然就是礼制。

民本，就是以百姓的利益为根本，因民之所利而利之，天视自我民视，天听自我民听。用习近平总书记的话说，就是"以人民为中心"。实现民本的途径，在于仁政与王道，具体言之：制民恒产，薄赋敛轻税收，量入为出，打击豪强势力，盐铁专卖，节制私人资本，选贤与能，讲信修睦，使老有所安，壮有所用，少有所怀，女有所归，鳏寡孤独废疾者皆有所养。民本也是实现社会主义理想的根本价值理念。

当然，民本也要求民德的提升，要求勤俭以得之，而非投机取巧以得，更不能依靠赌博贩毒取得财富，也不能靠污染环境发财，等等。今日财富若与道德分离，只讲GDP，不讲取之以义，那么会严重违背民本之价值。

诚信，是以至诚之心，不食言，言行一致，不口是心非，以最大努力践行人生之信条。它也包含西方之契约精神，但不尽相同。西方之契约在于形式上不违约，即使此契约是不合乎道德的、不公平的，甚至是武力强迫的，也应无条件地遵守，如西方列强曾经强加于我国的各类不平等条约，中华人民共和国成立之日即予以废除，此对人民之诚信也，对资本列强之违约也。

因此，诚信具有道德之内核，不仅仅在于"言必行、行必果"，唯"义之所在，则言必行、行必果"。

正义，从文字上考研其中的"正"，其乃会意字，表示前往某地，有远行之义。现在引申义为平正，不偏不斜；还有正心、正直、正确、恰当、公正、纠正等义。

"义"，繁体字为"義"。篆字与繁体字很相似，也属会意字，从羊（祭牲），从我（兵器），表示用兵器宰羊作祭品。義简化为义，原始义是指礼仪，后又改为礼义。所以"义"者，礼也。

若将"正""义"合起来就是以不偏不斜的步伐坚定地沿着礼义之路前进。

在经史子集中，最早用"正义"一词的，大概是荀子。《荀子·正名》说："正利而为谓之事，正义而为谓之行。"意思是说为功利去做叫事业，为道义去做叫德行。从这句话看"正义"的意思就是为道义而行，也就是以道义为奋斗的目标。在《荀子·儒效》中还有："不学问，无正义，以富利为隆，是俗人者也。"这里的"正义"是道德的意思，或者指以道德为行为标准之义。

正义确实有恰当行为的意思，或者有恰当的道德要求、有礼义的意思，所以对于道德要实事求是，以大众之普遍性为原则，不可陈义太高，陈义太高则弄虚作假，形同虚设，不但不能教化人，反而犯造假之错误。释家教化人以因果报应为律，告诫世人行善有好报，此以利导善也！儒家也有"积善之家必有余庆，积不善之家必有余殃"。亦义利合一也。都是将行善之获善报、行恶之获恶报作为教化人的信条，陈义并不高，但较之只言义不言利的效果显然要更大一些。

和合，是一种兼容兼顾，打成一片，从整体看待事物的思维。诸如"天人合一""心物一体""体用一如"等，都是和合思想的体现。其大无外，其小无内，天人相合相感，天即人，人即天；心外无物，物不离心；体用不二，体用不离，物物一太极，事事无碍。西方思想则注重分析，将心与物分离，对心之研究为宗教，对物之认识则为自然科学。而中国则上薄拜神教，下防拜物教，表现为极强的人文主义。体用相分，将道德与制度、义与利相分离，在西方看来，所谓法律、经济、政治等皆为理性工具，法律即规则。而和合观，则首先强调人与人之间应是和谐的关系，其斗争性是在和谐性、统一性之下。因此，人类的斗争武器，其杀伤力不应超出人类的承受力，今日之核武器竞赛，已远远超出人类的承受力，一旦核战争爆发，人类必然走向毁灭。

大同，是人类社会的终极理想。仁爱、民本、诚信、正义、和合价值之推扩就是要求人类最终实现大同的理想。人类像一家人一样，相互敬爱，以礼相待，老吾老以及人之老，幼吾幼以及人之幼，老者安之，少者怀之，朋友信之，四海之内皆兄弟也。正如习近平总书记所讲，人类是一个命运共同体。以中华传统文化的理想讲，就是要实现天下太平。也就是说能坚守仁爱、民本、诚信、正义、和合价值者，以大同为理想者，方可实现人类在全球化背景下"平天下"的理想，或许这就是中华优秀传统文化复兴的使命所在。

因此可以说，习近平总书记讲的"讲仁爱、重民本、守诚信、崇正义、尚和合、求大同"，不仅是中华传统文化的核心思想，也是人类的核心价值观。现将其中的十二字，分别由六位教授编写成六本书，即《仁爱》《民本》《诚信》《正义》《和合》《大同》，不仅对于传播中华传统优秀文化、复兴中华文明有重大的历史意义，而且对于构建一个命运共同体的世界，也极具现实意义。我衷心地希望这六本书在翟博同志的领衔下，能尽快出版，并对社会人心道德发挥巨大的影响。

‖ 导言 >>>

翟 博

　　中华优秀传统文化博大精深，凝聚着中华民族自强不息的精神追求和历久弥新的精神财富。党的十八大以来，以习近平同志为核心的党中央高度重视中华优秀传统文化的历史传承和创新发展，从中华民族最深沉的精神追求和最根本的精神基因、独特的精神标识和中华民族精神"根"与"魂"、最宝贵的精神品格和命脉的高度，定位优秀传统文化；从中华民族最基本的文化基因、最深厚的软实力与坚定文化自信的根基和突出优势的高度，继承优秀传统文化；从涵养社会主义核心价值观的重要源泉、实现"两个一百年"奋斗目标和中华民族伟大复兴中国梦的重要精神支撑的高度，弘扬优秀传统文化；从推动中华民族现代化进程的长远战略高度，创新发展优秀传统文化，推进中华优秀传统文化的创造性转化、创新性发展，赋予中华优秀传统文化崭新的时代内涵。习近平总书记在党的十九大报告中指出："文化自信是一个国家、一个民族发展中更基本、更深沉、更持久的力量。""推动中华优秀传统文化创造性转化、创新性发展，继承革命文化，发展社会主义先进文化，不忘本来、吸收外来、面向未来，更好构筑中国精神、中国价值、中国力量，为人民提供精神指引。"[①]党的十九大报告深刻分析了国际国内形势发展新变化，站在新的历史起点，宣示了中国特色社会主义进入新时代，明确了中国特色社会主义的历史方位，形成了习近平新时代中国特色社会主义思想，开启了全面建设社会主义现代化强国的新征程。它指明了党和国家事业前进方向，是我们深入学习习近平新时代中国特色社会主义思想、加强中华优秀传统文化教育的思想指引和行动指南。

习近平总书记关于中华优秀传统文化的一系列重要论述，是习近平新时代中国特色社会主义思想的重要组成部分。加强中华优秀传统文化教育，既是当务之急，也是百年大计、千年大计；既功在当代，也会泽及后世子孙、增进人类福祉。深入学习贯彻习近平总书记关于弘扬中华优秀传统文化重要思想，深刻领会其重要意义、思想内涵和精神实质，对于我们落实立德树人的根本任务，引导青少年增强民族文化自信和价值观自信，坚持道路自信、理论自信、制度自信、文化自信，培育和践行社会主义核心价值观，实现中华民族伟大复兴的中国梦，都具有长远的战略意义和重要

---

① 习近平：《决胜全面建成小康社会 夺取新时代中国特色社会主义伟大胜利——在中国共产党第十九次全国代表大会上的报告》，《人民日报》2017年10月28日。

的时代价值。

加强中华优秀传统文化教育的重大意义

文化是一种精神、一种信念、一种力量，是民族的血脉。中华优秀传统文化，是中华民族的"根"和"魂"，是中华民族精神的标识，是当代中国核心价值观的思想渊源，也是全人类弥足珍贵的精神瑰宝。习近平总书记指出："中国传统文化博大精深，学习和掌握其中的各种思想精华，对树立正确的世界观、人生观、价值观很有益处。"①习近平总书记在会见第四届全国道德模范及提名奖获得者时强调，中华文明源远流长，孕育了中华民族的宝贵精神品格，培育了中国人民的崇高价值追求。自强不息、厚德载物的思想，支撑着中华民族生生不息、薪火相传，今天依然是我们推进改革开放和社会主义现代化建设的强大精神力量。习近平总书记的精辟论述阐明了加强中华优秀传统文化教育重大的现实意义和长远的战略意义。

第一，中华优秀传统文化是中华民族安身立命的基础、永续繁衍的血脉、绵延不绝的"根"与"魂"。中华民族在5000多年连绵不断的文明发展进程中创造了博大精深的优秀文化。习近平总书记在纪念孔子诞辰2565周年国际学术研讨会暨国际儒学联合会第五届会员大会开幕会上的讲话中指出："优秀传统文化是一个国家、一

---

① 习近平：《在中央党校建校80周年庆祝大会暨2013年春季学期开学典礼上的讲话》，《人民日报》2013年3月3日。

个民族传承和发展的根本，如果丢掉了，就割断了精神命脉。"①中华优秀传统文化"体现着中华民族世世代代在生产生活中形成和传承的世界观、人生观、价值观、审美观等，其中最核心的内容已经成为中华民族最基本的文化基因"。加强中华优秀传统文化教育，关系中华民族的"根"之所系与"魂"之所牵。

第二，中华优秀传统文化是中华民族文明史的记录、民族精神的追求和标识。习近平总书记在会见第七届世界华侨华人社团联谊大会代表时指出："中华文明有着5000多年的悠久历史，是中华民族自强不息、发展壮大的强大精神力量。"②习近平总书记还指出："中华文化源远流长，积淀着中华民族最深层的精神追求，代表着中华民族独特的精神标识，为中华民族生生不息、发展壮大提供了丰厚滋养。"③加强中华优秀传统文化教育，关系中华民族的生存与发展。

第三，中华优秀传统文化是中华民族共同培育的民族精神的重要源泉。习近平总书记在第十二届全国人民代表大会第一次会议闭幕会上的讲话中指出："中华民族具有5000多年连绵不断的文明历史，创造了博大精深的中华文化，为人类文明进步作出了不可磨灭的贡献。经过几千年的沧桑岁月，把我国56个民族、13亿多人紧紧

---

① 习近平：《在纪念孔子诞辰2565周年国际学术研讨会暨国际儒学联合会第五届会员大会开幕会上的讲话》，《人民日报》2014年9月25日。

② 习近平：《在会见第七届世界华侨华人社团联谊大会代表时的讲话》，《人民日报》2014年6月7日。

③ 习近平：《在中共中央政治局第十三次集体学习时的讲话》，《人民日报》2014年2月26日。

凝聚在一起的，是我们共同经历的非凡奋斗，是我们共同创造的美好家园，是我们共同培育的民族精神，而贯穿其中的、更重要的是我们共同坚守的理想信念。"①加强中华优秀传统文化教育，关系中华民族共同坚守的理想信念。

第四，中华优秀传统文化是中华民族和中华儿女文化自信的重要根基。中华优秀传统文化是我们最深厚的文化软实力，是我们文化发展的母体，积淀着中华民族最深沉的精神追求。文化自信是一个民族、一个国家和一个政党对自身文化价值的充分肯定和积极践行，并对其文化生命力持有的坚定信心。习近平总书记提出："我们说要坚定中国特色社会主义道路自信、理论自信、制度自信，说到底是要坚定文化自信。文化自信是更基本、更深沉、更持久的力量。"②这既昭示了文化自信具有的更加突出位置，也指明了加强中华优秀传统文化教育的紧迫性和重要性。

第五，中华优秀传统文化是当代中国实现国家现代化的重要保证。任何国家的现代化都是以其文化传统和价值观作为指导的。现代化中最重要的是人的现代化。我们高兴地看到，为响应习近平总书记的号召，落实社会主义核心价值观和加强中华优秀传统文化教育，由教育部统一组织编写的义务教育道德与法治、语文、历史三科教材，已在全国中小学起始年级投入使用。可以预期，在广大青

---

① 习近平：《在第十二届全国人民代表大会第一次会议闭幕会上的讲话》，《人民日报》2013年3月18日。

② 习近平：《在哲学社会科学工作座谈会上的讲话》，《人民日报》2016年5月19日。

少年中加强中华优秀传统文化教育，对于当前和未来推动我国社会主义现代化事业必将产生明显而深远的影响。

第六，中华优秀传统文化是构建人类命运共同体的重要助力。党的十八大以来，习近平总书记多次论述过"人类命运共同体"的问题，并明确提出了"构建人类命运共同体，实现共赢共享"的中国方案。质言之，中华优秀传统文化中"天人合一"的哲学思想、"和而不同"的文化理念与"协和万邦""万国咸宁""天下为公""天下大同"的政治愿景，都与通过发展合作、实现共赢共享为核心的新型国际关系来构建人类命运共同体，有着密切的内在联系。

综上所述，加强中华优秀传统文化教育，是建设中华优秀传统文化传承体系、推动文化传承创新的重要途径。当今世界，文化在综合国力竞争中的地位和作用更为凸显，越来越成为民族凝聚力和创造力的重要源泉。当前，世界多极化、经济全球化深入发展，国内经济社会转轨转型，深刻变革，现代传播技术迅猛发展，世界范围内各种思想文化的交流、交融、交锋更加频繁，社会思想观念日益活跃。习近平总书记指出："中华优秀传统文化是中华民族的精神命脉，是涵养社会主义核心价值观的重要源泉，也是我们在世界文化激荡中站稳脚跟的坚实根基。"[1]加强中华优秀传统文化教育，是建设社会主义文化强国的重大战略任务，对于更好地传承中华文脉、全面提升人民文化素养、维护国家文化安全、增强国家文化软

---

[1] 习近平：《在文艺工作座谈会上的讲话》，《人民日报》2015年10月15日。

实力，持续推进国家治理体系和治理能力现代化都具有重要意义；对于促进世界和平、友好、发展，减少和化解生态危机、不同文明之间和国与国之间等的矛盾冲突，也都有越来越大的隐性和显性的国际意义。

中华优秀传统文化的核心思想理念

中华优秀传统文化是中华民族语言习惯、文化传统、思想观念、情感认同的集中体现，凝聚着中华民族普遍认同和广泛接受的道德规范、思想品格和价值取向，具有极为丰富的思想内涵。习近平总书记在中共中央政治局第十三次集体学习时指出，深入挖掘和阐发中华优秀传统文化讲仁爱、重民本、守诚信、崇正义、尚和合、求大同的时代价值，使中华优秀传统文化成为涵养社会主义核心价值观的重要源泉。[①]

"讲仁爱、重民本、守诚信、崇正义、尚和合、求大同"，是中华优秀传统文化中思想道德、政治理念、价值追求、人格修养、独特品质、社会理想的精华，是中华传统美德和民族精神的高度概括，集中体现了中华民族的传统核心价值观。加强中华优秀传统文化教育，必须围绕这一核心思想理念，逐步展开，不断深化，与时俱进。

仁爱：中华文化的核心力量。思想道德建设是中华优秀传统

---

① 习近平：《在中共中央政治局第十三次集体学习时的讲话》，《人民日报》2014年2月26日。

文化的核心力量。中国人崇奉以儒家"仁爱"思想为核心的道德规范体系，讲求和谐有序，倡导仁义礼智信，追求"修身、齐家、治国、平天下"全面的道德修养和人生境界，崇尚"己所不欲，勿施于人""己欲立而立人，己欲达而达人"的"仁爱"原则。加强中华优秀传统文化教育，就是要在全社会，特别是在广大青少年中开展以仁爱共济、立己达人为重点的社会关爱教育。

民本：中华文化的价值追求。民本是中国古代政治思想的基本理念。孟子曰："民为贵，社稷次之，君为轻。"仁民爱物的仁爱精神、以民为本的人文精神、深厚绵长的家国情怀等，集中体现了中华优秀传统文化的人民性，反映了广大人民群众的基本价值追求。

诚信：中华文化的做人准则。诚信既是个人的立身之本，也是一个民族、一个国家的生存之基。"言必信，行必果"是中国人待人处事的人生哲理。加强中华优秀传统文化教育，就是要开展以诚实守信、正心笃志、崇德弘毅为重点的人格修养教育。

正义：中华文化的道德原则。正义是人立身处世的根本，体现了社会的整体利益与个人的人格尊严。公平正义历来是人类孜孜以求的社会理想，中华民族是崇尚公平与道义的民族。

和合：中华文化的独特品质。爱国主义的民族深情、团结统一的价值取向、贵和尚中的思维模式、厚德载物的博大胸怀等，是中华民族精神的基本内容，彰显了中华优秀传统文化的特质。

大同：中华文化的社会理想。"大同"是古人最高的社会政治理想，激励了一代代仁人志士为其矢志不渝，奋斗不息，"大同"

理想是中国梦的文化根基。习近平总书记指出："实现中华民族伟大复兴的中国梦，就是要实现国家富强、民族振兴、人民幸福，既深深体现了今天中国人的理想，也深深反映了我们先人们不懈奋斗追求进步的光荣传统。"①

因此，加强对中华优秀传统文化的挖掘与阐发，把超越时空、跨越国度、富有永恒魅力、具有当代价值的独特文化精神发扬光大，努力实现对中华优秀传统文化的创造性转化、创新性发展，是历史和时代赋予我们的神圣职责和重大任务，也是实现伟大的中国梦的必然要求和现实需要。

中华优秀传统文化的基本功能、思想精华和时代价值

中华优秀传统文化有其独特的价值观和价值体系。习近平总书记在北京大学师生座谈会上的讲话中指出："中华优秀传统文化已经成为中华民族的基因，植根在中国人内心，潜移默化影响着中国人的思想方式和行为方式。今天，我们提倡和弘扬社会主义核心价值观，必须从中汲取丰富营养，否则就不会有生命力和影响力。"②这种独特的价值体系，是中华优秀传统文化的核心与灵魂，是新时期中华民族共同价值观的感召力、影响力、凝聚力的集中体现。加

①　习近平：《在第十二届全国人民代表大会第一次会议闭幕会上的讲话》，《人民日报》2013年3月18日。

②　习近平：《青年要自觉践行社会主义核心价值观——在北京大学师生座谈会上的讲话》，《人民日报》2014年5月5日。

强中华优秀传统文化教育必须深刻理解和认识中华优秀传统文化的基本功能、思想精华和时代价值。

第一，深刻认识中华优秀传统文化的基本功能。中华优秀传统文化对化解人类面临的矛盾冲突及人生面临的困难、困惑，能够提供强大而有益的精神滋养和价值影响。在现代社会，人类主要面临着五大冲突，即人与人、人与自然、人与社会、人与自我心灵以及不同文明之间的冲突。这五大冲突也造成了人类生态、社会、道德、精神和价值的五大危机。解决这些冲突、危机与人生面临的困难、困惑，很难从西方文化中找到方案。因为西方文化的价值追求是以自我为中心的，而中华优秀传统文化所关注的是人与人、人与自然、人与社会、人与自我心灵世界的和谐关系，和谐是中国优秀传统文化的最高准则。中华优秀传统文化是"天人合一"之学、人际和谐之学、身心平衡之学、生命存在之学、道德践行之学、理想人格之学、内圣外王之学、安身立命之学和人生智慧之学。这是中华优秀传统文化独有的基本功能，也是中华文化为世界发展提供中国方案的根本之所在。

第二，深刻认识中华优秀传统文化的思想精华。中华优秀传统文化具有独特的凝聚力、独特的延续力、独特的传承体系、独特的文化精神、独特的时代价值。从哲学层面上观察，中华优秀传统文化最重要的思想精华体现在以下几个方面：

一是"天人合一"的生命哲学。"天人合一"是中华优秀传统文化的最高境界，其核心就是强调人与自然的和谐统一，表现在人的文化行为上，就是天人合德，强调人类的道德理性与自然生生之德的一致。

二是自强不息的担当精神。《周易》中说："天行健，君子以自强不息。"这是中华民族历经磨难而始终不败的文化精神。中国文化倡导的自强不息、刚健有为精神，既包含积极入世、主动进取的执着追求和担当道义、不屈不挠的社会责任，也包含正直独立人格和主动创造精神等。中华民族之所以能在5000多年的历史进程中饱经沧桑而自强不息，靠的就是这样一种奋发图强、坚韧不拔的精神。

三是和而不同的和谐思想。中华优秀传统文化在价值追求上，主张"和而不同""和实生物，同则不继""万物并育而不相害，道并行而不相悖"的价值取向和智慧。在政治观上，追求民族统一的"大一统"观念，注重"协和万邦"，强调亲仁善邻，在对外关系中始终秉承"强不执弱""富不侮贫"的精神，主张吸纳百家优长、兼集八方精义，注重各民族的团结统一。

四是民惟邦本的民本思想。中华优秀传统文化注重人的价值，强调以民为本，提出"敬德保民""重民轻神""恤民为德""天地之间，莫贵于人""民惟邦本，本固邦宁"等民本思想，主张治国须利民、裕民、养民、惠民，对于缓和社会矛盾、维系社会相对稳定产生了深远的影响。

五是止于至善的崇高追求。中华优秀传统文化在个人理想追求上，主张"修齐治平"。《礼记·大学》中说："大学之道，在明明德，在亲民，在止于至善。""物格而后知至，知至而后意诚，意诚而后心正，心正而后身修，身修而后家齐，家齐而后国治，国治而后天下平。"这种积极向上的个人理想追求，影响着中国一代又一代的仁人志士，修身养性，奋斗不止；追求大同理想，追求"大道之行也，天下为公"的大同社会。

第三，深刻认识中华优秀传统文化的时代价值。深刻认识中华优秀传统文化的时代价值，是加强中华优秀传统文化教育的前提。中华优秀传统文化是维系中华民族团结奋进的精神纽带。中华优秀传统文化的基本内容主要包括儒、道、佛三大家思想中的精华，儒家思想构成其基本精神和主体框架。中华优秀传统文化融合形成了中华民族独特的向心力、凝聚力和共同的理想信念，熔铸塑造了中华民族的民族精神、思想观念、价值追求，引领、融通、聚合、形成了中华民族强大的文化引导力和精神原动力。

中华优秀传统文化是实现中国梦的精神力量之源。习近平主席指出："没有文明的继承和发展，没有文化的弘扬和繁荣，就没有中国梦的实现。"[1]深刻地指明了弘扬中华优秀传统文化与实现中国梦的关系。实现中国梦，是物质文明和精神文明比翼双飞的发展过程，需要文化旗帜引领、文化精神激励和文化软实力支撑，更需要文化的认同和凝聚。

中华优秀传统文化是建设社会主义核心价值观的重要源泉。党的十八大报告指出："倡导富强、民主、文明、和谐，倡导自由、平等、公正、法治，倡导爱国、敬业、诚信、友善，积极培育和践

---

① 习近平：《在联合国教科文组织总部的演讲》，《人民日报》2014年3月28日。

行社会主义核心价值观。"①这一表达分别从国家、社会、公民三个层面阐述了社会主义核心价值观的内涵，是在汲取中华优秀传统文化的丰富营养基础上的发展和完善，是中华优秀传统文化在当代的传承和发扬。培育和弘扬社会主义核心价值观，必须立足于中华优秀传统文化。这是党中央立足国内国际两个大局，站在历史、现实和未来的时空交汇点上高瞻远瞩，对核心价值观教育作出的战略设计、历史定位和对未来发展的方向性指引，是当前培育和弘扬核心价值观的战略出发点和落脚点。

如何加强中华优秀传统文化教育

加强中华优秀传统文化教育，是当前我们面临的重要历史任务和重大时代要求，必须坚持知行合一，即认识与实践相统一、科学性与艺术性相统一、可操作性与可接受性相统一。

第一，加强中华优秀传统文化教育，必须认真学习领悟、深入阐发中华优秀传统文化的思想精华和文化精髓。 要讲清楚中华优秀传统文化的历史渊源、发展脉络、基本走向，讲清楚中华文化的独特创造、价值理念、鲜明特色。要处理好继承和创新的关系，实现中华优秀传统文化创造性转化和创新性发展。

第二，加强中华优秀传统文化教育，必须继承和弘扬中华优秀

---

① 胡锦涛：《坚定不移沿着中国特色社会主义道路前进 为全面建成小康社会而奋斗——在中国共产党第十八次全国代表大会上的报告》，《人民日报》2012年11月18日。

传统美德。加强全社会的思想道德建设，激发人们形成善良的道德意愿、道德情感，培育正确的道德判断和道德责任，提高道德实践能力尤其是自觉践行能力，引导人们向往和追求讲道德、遵道德、守道德的生活，形成向上、向善的力量。

第三，加强中华优秀传统文化教育，**必须加强爱国主义、集体主义、社会主义教育**。坚持以事启人、以情感人、以理服人、以行引人，引导人民群众树立和坚持正确的历史观、民族观、国家观、文化观，不断增强做中国人的骨气、底气和朝气。

第四，加强中华优秀传统文化教育，**必须树立文化自觉，增强文化自信和价值观自信**。用博大精深、源远流长的中华优秀传统文化滋养自己，让扎根中国大地、具有时代精气神的中华优秀传统文化成为我们实现复兴、走向世界的坚实根基。

第五，加强中华优秀传统文化教育，**必须将其贯穿国民教育全过程**。特别是在学校教育中，要践行全员育人、全程育人、全方位育人。加强中华优秀传统文化类课程和教材体系建设，在中小学全面开展中华优秀传统文化进教材、进课堂、进头脑工作，在高校开设中华传统文化类课程，为学生提供丰富选择。把中华优秀传统文化全方位融入思想道德教育、文化知识教育、艺术教育、体育、社会实践教育各环节，贯穿于启蒙教育、基础教育、职业教育、高等教育、继续教育各领域。

第六，加强中华优秀传统文化教育，**必须充分调动全社会的积极性和创造性**。加大宣传教育力度，讲活中国故事。坚持全党动手、全社会参与，把中华优秀传统文化教育的各项任务分解、落实到农村、企业、社区、机关、学校等，形成齐抓共管、共建共学的新局面。

"不畏浮云遮望眼，只缘身在最高层。"中华优秀传统文化是我国全面建成小康社会，加快推进社会主义现代化，实现中华民族伟大复兴中国梦的内驱动力的精神之源，也是中华文化走出去的外驱动力的力量之源。我们坚信，通过加强中华优秀传统文化教育，深入学习习近平总书记教育思想，中华儿女一定会不忘初心，继续前进，求真务实，攻坚克难，为更好地共圆中国梦、造福全人类，作出新的更大的业绩和奉献。

仁爱思想的渊源、发展和传承

2014年2月24日在中共中央政治局第十三次集体学习中，习近平总书记指出，要深入挖掘和阐发中华优秀传统文化讲仁爱、重民本、守诚信、崇正义、尚和合、求大同的时代价值。这些思想理念不论过去还是现在，都具有永不褪色的价值，是当代中国文化自信的重要基础。习总书记把"讲仁爱"放在第一位，意义重大，值得我们研究。

一、"仁"字的基本含义

对"仁"最权威的解释出自东汉许慎的《说文解字》："亲也。从人二。忎，古文仁，从千心作。𡰱，古文仁，或从尸。"这就是说，许慎认为"仁"字有三种写法：仁、忎、𡰱。

关于"仁"，《中庸》说，"仁者，人也，亲亲为大"，东汉大经学家郑玄注，"人也，读如'相人偶'之人，以人意相存问之言"。"相人偶"原是汉代俗语，"偶（耦）"有"匹""配""合""对"之意，两人见面相揖为礼，彼此之间互致敬意与问候，表示相亲相敬，便是"相人偶"。就此而言，"仁"本义表达的是两个人之间的相亲、相爱、相敬。

关于"忎"，段玉裁说："忎，从心，千，声也。"当今很多学者从战国玺印文和郭店竹简的"𢘶"来解释"忎"，郭店竹简中七十多个"仁"都写作"㣻"。"㣻"字从身从心，表示心中想着自己，思考着自己，就是"克己""修己""成己"。如果说"从人从二"的"仁"字主要反映了"人—我"关系的一面，那么，"从身从心"的"㣻"字则更多反映了"心—身"内在的一面，它们共同构成了"仁"的完整内涵。孔子仁学正是从这一传统而来，包含了"成己"与"爱人"两方面内容。[①]

关于"𡰥"字，有学者结合近些年来新出土的文字材料对此字进行了考辨，认为"𡰥"字也是由一个人形"尸"与"二"字构成。"尸"字是一个象形字，甲古文像人屈膝坐下之形。古人的"坐"相当于今天的跪坐。因此，"仁"和"𡰥"构字的原则和要素是完全相同的，都是许慎所说的"从人二"，它们要表达的，都是"亲也"的"同类意识"。

在中国古代，"仁"的内涵非常丰富，范围非常广泛，几乎统摄一切美好的德性，如诚、敬、恕、忠、孝、爱、知、勇、恭、宽、信、惠、慈、亲、善、温、良、俭、让、中、庸、恒、和、友、顺、礼、齐、庄、肃、悌、刚、毅、贞、谅、质、正、义等，这些德性都与仁有关。《论语·颜渊》载孔子的学生樊迟向孔子请教什么是"仁"时，孔子回答说："爱人。""仁"的基本内涵就是"爱人"。而把"仁"和"爱"连成一个词在古代也很多，如《淮南子·修务训》："尧立孝慈仁爱，使民如子弟。"《史记·袁盎列传》："仁爱士卒，士卒皆争为死。"

---

① 梁涛：《郭店竹简"㣻"字与孔子仁学》，《哲学研究》，2005年第5期。

二、仁爱思想的渊源

在中国古代文献中还有这样一种说法，"仁"的观念可能与东夷集团有关。如许慎《说文解字·大部》中解释了"夷，东方之人"之后，又在《羌部》中指出："夷俗仁，仁者寿，有君子不死之国。"夷是上古中国东方诸多部落的总称，那里的人民仁厚、淳朴，活得长寿，有君子国、不死之国之说。《后汉书·东夷列传》解释东夷的"夷"字时指出："《王制》云：'东方曰夷。'夷者，柢也，言仁而好生，万物柢地而出。故天性柔顺，易以道御，至有君子、不死之国焉。"柢即树木的根，树木有根才能生长，仁德对人来说就是生长的根，人有仁德才可健壮长寿，所以有"夷俗仁，仁者寿"之说。

"仁德"不但在观念上被逐步确立，还逐渐地被应用于政治实践。据《后汉书·东夷传》记载：周穆王的时候，徐偃王当国，行仁义，诸侯不朝于周而朝于徐者三十六国。这引起了周穆王的恐慌，于是联合南方的楚国，大举讨伐。偃王不忍使他的百姓受到战争的戕害，于是带着他们逃到彭城武原县东山下。

到了春秋战国，殷商后代的宋国还出了个宋襄公。殷商文化是以东夷文化为基础的，宋襄公传承了东夷人的仁德文化，内修国政，仁义治国，国力有较大的提升，并以仁义为号召，成为春秋五

霸之一。不过，他与其他四霸齐、楚、秦、晋不同，其他四霸皆因
实力强大，能够召集各诸侯会盟而称霸。宋襄公只是在齐国内乱
时，帮助齐公子复国，想代齐作为盟主，但没有军事实力。公元前
638年，宋、楚泓水之战时宋襄公实践"仁义"，结果被楚军击败，
自己也因伤重身亡。这不是宋襄公行仁义之过，而是到了这个时期
王道衰微，霸道兴起，时势变化。但不管怎样，由以上可以看出，
东夷仁德文化的传统是仁爱思想的一个渊源。

传说黄帝十分注重以仁德治国，据《云笈七签·轩辕本纪》记
载："黄帝修德义，天下大理。"《韩诗外传》卷八也指出："黄
帝即位，施惠承天，一道修德，惟仁是行，宇内和平。"正是依靠
以德治国的为政原则，黄帝受到了其他许多部落的依赖和拥护，许
多部落纷纷前来归附黄帝部落，使黄帝部落的势力不断壮大，黄帝
的声威也日益显赫。在当时部族激烈的生存竞争中，黄帝能够宽厚
仁慈，以德服人，以情感人，尽量不用武力，只有在万不得已的情
况下才以战争消除战争。相传黄帝与九黎族首领蚩尤决战之前，曾
企图用仁义去感化蚩尤，但蚩尤一意孤行，执迷不悟，决意要与黄
帝一决雌雄。最后，黄帝决定用武力来回击蚩尤的挑战，于是爆
发了历史上有名的"涿鹿之战"。战争以黄帝取胜，蚩尤失败而
告终。

尧舜作为圣王，仁观念在他们推行的"禅让制"中获得了很
好的体现。《郭店楚简·唐虞之道》说："尧舜之行，爱亲尊贤。
爱亲故孝，尊贤故禅。孝之方，爱天下之民。禅之传，世亡隐德。
孝，仁之冕也。禅，义之至也。六帝兴于古，咸由此也。爱亲忘

贤，仁而未义也。尊贤遗亲，义而未仁也。古者虞舜笃事瞽叟，乃戴其孝；忠事帝尧，乃戴其臣。爱亲尊贤，虞舜其人也。"尧舜爱亲尊贤，以天下为公，实行禅让制，是仁义精神的集中体现。

《淮南子·修务训》说："尧立孝慈仁爱，使民如子弟。"《孔子家语·五帝德》说，尧"其仁如天，其智如神，就之如日，望之如云。富而不骄，贵而能降"。是说帝尧有如天的仁爱，如神的智慧；他虽然位高权重，却与百姓亲近，民众接近他，他就像太阳一样温暖，仰望他，他就像云彩一般绚丽；他富有而不骄纵，尊贵而不逸乐。舜生活在"父顽、母嚚、弟傲"的家庭环境里，父亲心术不正，继母两面三刀，弟弟桀骜不驯，几个人串通一气，欲置舜于死地而后快，然而舜对父母不失子道，十分孝顺，对弟弟十分友善。《孟子·离娄下》："舜明于庶物，察于人伦，由仁义行，非行仁义也。"大舜明白万事万物的道理，明察人伦关系的实质，因此能遵照仁义的本心来为政，而不是为了行仁义的名号才这样做。后来儒家推崇的"尧舜之道"的基本内涵就是以仁心行仁政。《孟子·离娄上》说："尧舜之道，不以仁政，不能平治天下。今有仁心仁闻，而民不被其泽，不可法于后世者，不行先王之道也。"《中庸》说"仲尼祖述尧舜"，《论语·泰伯》和《礼记》中多次记载了孔子对尧舜禹的追慕赞美。"孟子道性善，言必称尧舜"（《孟子·滕文公上》），追慕尧舜之道，倡导仁义道德。这都说明尧舜仁德是儒家思想的主要渊源。

殷商的开国之君商汤是一位有仁爱之心的圣王。他仁德宽厚，励精图治，把自己的国家治理得很好，也深得其他诸侯国国君的爱戴与信任。司马迁在《史记·殷本纪》中记载了商汤"网开三面"的故事：

> 汤出，见野张网四面，祝曰："自天下四方皆入吾网。"汤曰："嘻，尽之矣！"乃去其三面，祝曰："欲左，左。欲右，右。不用命，乃入吾网。"诸侯闻之，曰："汤德至矣，及禽兽。"

从这件小事上可以看出，商汤对鸟兽都怀有仁爱之心，不让猎人把他们赶尽杀绝，是商汤仁爱的典型体现。贾谊说："汤武置天下于仁义礼乐，而德泽洽，禽兽草木广裕，德被蛮貊四夷，累子孙数十世，此天下所共闻也。"（《汉书·贾谊传》）商汤的仁德声名远扬，使处于夏桀暴政之下的民众都愿意归顺商汤。后来，时机成熟，商汤灭夏，建立了商王朝。

司马迁在《史记·周本纪》中记叙了周人从后稷、公刘到古公亶父、公季"笃仁、敬老、慈少、礼下贤者"的仁政传统，《尚书大传·略说》记载：古公亶父继位后，以德治国，广施仁义，百姓都非常爱戴他。到了文王，勤于政事，重视发展农业生产，礼贤下士，广罗人才，拜姜尚为军师，问以军国大计，使"天下三分，其二归周"。《国语·周语下》说"文王质文，故天胙之以天下"。《大戴礼记·少闲》说文王"作物配天，制无用，行三明，亲亲尚贤，民明教，通于四海，海之外肃慎、北发、渠搜、氐、羌来服"，文王以德行、文略而使天下归心。

周公是周文王的儿子，周武王的弟弟，周成王的叔叔。周文王在时，周公以孝顺和仁爱著称。文王去世后，周公辅佐武王伐纣，被封为鲁国的国君。武王英年早逝，成王即位，但是年纪太小。于是，周公便宜行事，代替成王行使天子的权力。等到成王长大成人，周公便还政于成王。周公治国以注重德治、明德慎罚为基本原则，谆谆告诫周人"皇天无亲，唯德是辅"，要周人"敬德保民"，"以德配天"。

三、仁爱思想的发展演变

如上所述，仁爱思想的渊源深远。到了春秋战国时期，诸子百家，各家各派对仁爱都有自己的理解与阐释，有相通，也有差异，反映了这个时期仁爱观念的丰富多彩。

儒家孔子传承上古以来，特别是尧、舜、禹、汤、文、武、周公这些圣王的仁爱精神，并以此为其仁学思想体系的总原则和总精神，这也是孔子以及整个儒家思想的最高命题。"仁"字在《论语》中出现109次，孔子从不同角度对"仁"作了深入的阐释。《论语·颜渊》载："樊迟问仁。子曰：'爱人'。"皇侃注云："仁以恻隐济众，故曰爱人。"邢昺注云："言泛爱济众是仁道也"，把"仁"解释为"爱人"就是强调发自内心对他人的广博大爱和救助众人。"爱人"是"仁"基本的内涵。这里的"人"是一种泛称，是一个类概念，是超越了阶级、种族的局限，具有博爱性质。但总体上看，孔子的仁爱是建立在血缘亲情之爱基础上的"等差之爱"。在孔子看来，"仁"是人之为人的本质，但在具体实践过程中要以爱自己的亲人为先，血缘亲情之爱是"仁"的自然基础，实行"仁"只能从"爱亲"做起，故《礼记·祭义》述孔子之言曰："立爱自亲始。"《论语·学而》："孝弟也者，其为仁之本与！"可见，孝悌是实行"仁爱"的根本。《论语·泰伯》曰："君子笃于亲，则民兴于仁。"在上位的人如果亲爱自己的亲人，老百姓当中就会兴起仁爱的风气。《论语》中多次提到好恶之恶的问题，"唯仁者能好人，能恶人"（《论语·里仁》）。有爱有恶，爱憎分明，仁者才能。仁者之所以有爱有恶，是因为仁者所爱的是好人。如果爱了坏人，等于是害了好人，所以必须爱憎分明。张岂之先生认为："《论语》中多处为'仁'规定界说，其特点是：'仁'不是以祖先神的崇拜为出发点，而是以人的理性为基点；不是以氏族群体为出发点，而是以个人修身为基点；不是以维护一方而牺牲另一方为出发点，而是以力求照顾到人际双方的利益为基点。孔子将'仁'解释为'爱人'就显示了这样一些特点。"[①]孔子的"仁爱"思想不是无源之水，而是对西周"德治"的继承和发展。"孔子的德治思想来源于周公。周公在《康诰》里教导康叔治理殷民的原则就是'明德慎罚'四个大字。""德治的实质就是

---

① 张岂之：《儒学·理学·实学·新学》，陕西人民出版社，1991年，第6页。

仁治。"①当然，仁治与西周的德治有区别，区别在于德治把民当作臣民来恩惠，仁治则把民当作人来善待。

孔门后学在孔子的基础上对仁爱不断作出新的诠释。《大学》告诫为政者："唯仁人放流之，迸诸四夷，不与同中国。此谓唯仁人为能爱人，能恶人。"真正有仁德的人是非清楚，爱憎分明，集中体现在举用贤人和摒弃奸佞两方面。这是对《论语·里仁》"唯仁者能好人，能恶人"的进一步发展。《中庸》曰："仁者人也，亲亲为大。"孔颖达疏："仁谓仁爱相亲偶也。言行仁之法，在于亲偶。欲亲偶疏人，先亲己亲，然后比亲及疏，故云'亲亲为大'。""仁"是人之所以为人的本质，而"仁"的践行又要从亲爱亲人开始，然后由亲及疏，层层向外推衍。朱熹《中庸章句集注》："人，指人身而言。具此生理，自然便有恻怛慈爱之意，深体味之可见。"人都是父母所生，身体发肤受之父母，所以自然而然会对父母有发自内心的亲情之爱，这是可以深切体会到的。

《孟子·尽心上》曰："亲亲，仁也。"《孟子·离娄上》曰："仁之实，事亲是也。"《孟子·尽心上》曰："仁者，无不爱也，急亲贤之为务。"孟子讲仁的思想逻辑是以仁为核心，由内向外、由人向物层层推衍。《孟子·梁惠王上》曰："老吾老，以及人之老；幼吾幼，以及人之幼。""君子之于物也，爱之而弗仁；于民也，仁之而弗亲。亲亲而仁民，仁民而爱物。"孟子主张要从亲爱自己的亲人出发，推向仁爱百姓，再推向爱惜万物，这就

① 赵光贤：《论孔子学说中"仁"与"礼"的关系》，《北京师范大学学报》，1985年第1期。

形成了儒家仁爱推己及人、推人及物的逻辑理路。孟子还提出"仁政"学说，认为为政者与每个人一样具有恻隐之心，《孟子·公孙丑上》说："恻隐之心，仁之端也；羞恶之心，义之端也；辞让之心，礼之端也；是非之心，智之端也。人之有是四端也，犹其有四体也。有是四端而自谓不能者，自贼者也；谓其君不能者，贼其君者也。凡有四端于我者，知皆扩而充之矣。若火之始然，泉之始达。苟能充之，足以保四海；苟不充之，不足以事父母。""恻隐之心"是仁的发端，以此"恻隐之心"发于政治，推恩到普天之下的百姓身上，使君心与民心融在一起，就能够保四海升平；反之，如果为君没有仁心，仁政就不可能实行，天下就不可能太平。

荀子继承了孔孟仁学的基本精神，倡言"仁者爱人""仁者必敬人"为治道之本。《荀子·大略》曰："仁，爱也，故亲。"《荀子·议兵》中当弟子陈嚣对荀子提出质疑："先生议论用兵，经常把仁义作为根本。仁者爱人，义者循理，既然这样，那么又为什么要用兵呢？"荀子回答说："彼仁者爱人，爱人故恶人之害之也；义者循理，循理故恶人之乱之也。彼兵者所以禁暴除害也，非争夺也。故仁者之兵，所存者神，所过者化，若时雨之降，莫不说喜。"

道家讲慈爱，与儒家的仁爱同是讲爱，但出发点不同。道家把儒家"爱有差等"的"仁爱"当作"私爱"而加以反对，提倡无私之爱，认为宇宙万物是由道生出来的，道的本性是无私无欲的，所以人应该效法大道，慈爱人及万物。老子推崇"慈爱"，把它作为三宝之一。老子提倡一种自然无为的态度，认为"有为"地强调仁义道德，这违背了人的"无为"自然本性。他指出"道"对于万物"生而不有，为而不恃，长而不宰"（《老子》第十章）。人必须"道法自然"而无私、无欲。我们不要从表面看到老子在批评儒家的仁义道德，就以为道家反对仁爱，其实道家强调的是在"道"这个层次的大爱。但是，也应该看到，儒家的"仁爱"并不是老子所批评的只是"私爱"，儒家的仁爱是从血缘亲情的"私爱"层层扩展到爱众亲民，乃至普爱万物。

庄子把"爱人"和"利物"结合起来，他说："爱人利物之谓仁。"（《庄子·天地》）这是在为"仁"下定义，蕴含着人与自然和谐相处的意思。《庄子·天下》又说："泛爱万物，天地一体也。"认为天地是一个有机的统一生命体，人应该无差别地泛爱万物。《庄子·天道》引孔子的话说："中心物恺，兼爱无私，此仁义之情也。"中正而且和乐外物，兼爱而且没有偏私，这就是仁义的实情。这里借用孔子之口，表达庄子对仁义的理解，后面马上又借老子之口批评孔子说："夫兼爱，不亦迂乎！无私焉，乃私也。"这里的"兼爱"不是墨家的"兼爱"，是借老子之口对儒家仁爱的一种看法，认为儒家在亲情之爱的基础上还想兼爱天下，这不是太迂腐了吗？对人无私，其实正是希望获得更多的人对自己的爱。这可以看成对仁爱的道家式理解，一定程度上有误解。《文子》也这样认为："仁者，所以博施于物，亦所以生偏私。"《文子·大道下》儒家仁爱虽然讲的是推己及人、及物，但因为从亲情之爱开始，容易存在对亲人的偏私，从而使仁爱的推衍受到局限。

法家对儒家讲仁义道德颇不以为然。商鞅把儒家的基本观点概括为"六虱"，大力攻击曰："六虱：曰礼乐，曰诗书，曰修善，曰孝弟，曰诚信，曰贞廉，曰仁义，曰非兵，曰羞战。国有十二者，上无使农战，必贫至削。"（《商君书·靳令》）他认为："仁者能仁于人，而不能使人仁；义者能爱于人，而不能使人爱。是以知仁义之不足以治天下也。"（《商君书·画策》）具有仁义德性的人，固然可以把自己的仁义施诸人，但无法使接受者也具有仁爱的德行，由此他推出仁义不足以治天下，治理天下只能以法为治。《韩非子·解老》："仁者，谓其中心欣然爱人也。其喜人之有福而恶人之有祸也，生心之所不能已也，非求其报也。故曰：'上仁为之而无以为也。'"这是韩非子对老子《道德经》中"上仁为之而无以为也"一句的解释，表达了一种大公无私之爱。这应该是道家的思想，未必是法家的思想。实际上韩非子借道家的思想批评儒家仁义爱惠，强调以法治国，用严刑峻法，而不能讲仁义道德这一套，所以韩非子指出君主应该"明仁义爱惠之不足用，而严刑重罚之可以治国"（《韩非子·奸劫弑臣》）。

《管子》是托春秋时期的管仲之名而作，反映了战国中后期以齐法家为主兼容其他各家各派的思想，其中也受儒家思想的影响，如"非其所欲，勿施于人，仁也"（《管子·小问》）。这显然是孔子"己所不欲，勿施于人"的翻版。但他又说："仁而不法，伤正。"（《管子·法法》）认为儒家所讲的仁爱源于血缘亲情，有可能会造成对法律公正的破坏。这显然是法家的看法，因为法家大都反对儒家的仁爱。

因秦王朝用法家思想，排斥其他各家各派，乃至焚书坑儒，很快二世而亡。汉代继秦而兴，基本上继承了秦的政治、法律制度。汉代初年，统治者以黄老学说治国，政治气氛日渐宽松，使先秦以来主要的几家学说基本上都得以自由恢复和发展，出现了诸子复兴思潮。汉初几位儒者如陆贾、贾谊、韩婴等经过反思，批判秦王朝，认为秦速亡的根本原因是废弃仁义，不讲德治，而一味地用严刑酷法，崇尚暴政。他们以仁义为核心价值，提出了各自的治道思想。陆贾提出"逆取顺守，文武并用"的思想，力谏刘邦以仁义治国，指出天下可以"马上得之"，而不可以"马上治之"，要以仁义为本，道德为上。贾谊对儒道两家思想进行整合，继承了道家的道术论而归本于儒家圣王的仁义治道，强调仁义为本，非礼不成；以礼为主，礼法并用。贾谊在《新书·道术》中说："心兼爱人谓之仁。"这一思想显然是吸收了墨家的兼爱之说。《新书·大政下》曰："故夫民者，弗爱则弗附。"如果为政者不能爱护老百姓，老百姓就不可能支持他，甚至起来反抗。韩婴在重申仁义价值观的基础上强调仁政理念，注重仁人与守礼的统一，以王道仁政为本，以重法爱民的霸术为用。《韩诗外传》提出："仁道有四：磏（通'廉'，廉洁）为下。有圣仁者，有智仁者，有德仁者，有磏仁（刻苦求仁）者。"这就以"仁"为本，提出了四个层次的德行，具有以仁统摄四德的含义。儒家认为孝悌为仁之本，《韩诗外传》也非常强调孝治，云："上不知顺孝，则民不知反本。君不知敬长，则民不知贵亲。禘祭不敬，山川失时，则民无畏矣。不教而诛，则民不识劝也。故君子修身及孝，则民不倍矣。敬孝达乎下，则民知慈爱矣。好恶喻乎百姓，则下应其上，如影响矣。"在上者是否行孝，是治国理民的根本。由孝而有尊敬长上、敬事鬼神，所以孝治的本质就是仁政。

董仲舒在汉景帝时任博士，武帝继位，举贤良文学，董仲舒对以"天人三策"，针对汉初承袭秦王朝的弊端，提出了更化改制、复兴儒家礼乐道德、修明教化、美化风纪等思想。董仲舒的思想以"春秋公羊学"为基础，他指出："《春秋》爱人。"（《春秋繁露·竹林》）先秦儒家基于血缘亲情的仁道在董仲舒这里有所转型，他提出了"仁，天心"（《春秋繁露·俞序》）。"天，仁也。天覆育万物，既化而生之，有养而成之。事功无已，终而复始……人之受命于天也，取仁于天而仁也。是故人之受命天之尊，父兄子弟之亲，有忠信慈惠之心，有礼义廉让之行，有是非逆顺之治。"（《春秋繁露·王道通三》）因为"天"有"仁之美"，有仁爱之心，覆育生养万物，人受命于天，所以人也有仁爱之心。董仲舒继承孔孟"仁者爱人"的基本观念，且有所修正和发展。他在《春秋繁露·深察名号》中给"仁"下定义道："何谓仁？仁者，憯怛爱人。"是说仁指因对别人的痛苦感同身受而爱怜他人。《春秋繁露·仁义法》说："仁之法，在爱人，不在爱我。""人不被其爱，虽厚自爱，不予为仁。""不爱，奚足谓仁？仁者，爱人之名也。"爱人主要是爱他人，不是爱自己；不被他人爱，厚自爱不能称为仁。董仲舒还明确提出"博爱"："先之以博爱，教以仁也"（《春秋繁露·为人者天》），"仁者，所以爱人类也"，"忠信而博爱"（《春秋繁露·深察名号》），"质于爱民，以下至于鸟兽昆虫莫不爱"（《春秋繁露·仁义法》）。"泛爱群生，不以喜怒赏罚，所以为仁也。"（《春秋繁露·离合根》）显然，董仲舒把仁爱扩展到大众乃至天地万物的"博爱"，与孔子"泛爱众"，孟子"亲亲仁民，仁民爱物"一脉相承。

作为东汉白虎观经学会议资料汇编的《白虎通》，是汉代经学经官方裁定，初步实现统一的文献汇编，其对仁爱的界定是："仁者，不忍也，施生爱人也。"这应该来源于孟子的"不忍人之心"。《白虎通·宗族》解释"族"说："族者，何也？族者，凑也，聚也。谓恩爱相流凑也。生相亲爱，死相哀痛，有会聚之道，故谓之族。"家族就是有血缘关系的人聚集在一起，感恩亲爱，生死相依。

刘向在《说苑·贵德篇》载季康子对子游曰："仁者爱人乎？"子游曰："然。""人亦爱之乎？"子游曰："然。"刘向借孔子的学生子游之口肯定仁者爱人，人亦爱之，即仁爱是相互的。《说苑·贵德篇》还区分了"大仁"和"小仁"："夫大仁者，爱近以及远，及其有所不谐，则亏小仁以就大仁。大仁者，恩及四海；小仁者，止于妻子。""大仁"是把仁爱由亲近的人推及其他更多的人身上，如果大仁与小仁发生冲突，为了大仁可以牺牲小仁；"小仁"就是局限于自我小家的亲亲之仁，所以大仁恩惠及于天下，小仁恩惠只局限在妻子儿女身上。

扬雄在荀子思想的基础上强调"仁者自爱"。《法言·君子》中说："人必其自爱也，而后人爱诸；人必其自敬也，而后人敬诸。自爱，仁之至也；自敬，礼之至也。未有不自爱敬而人爱敬之者也。"人必须先自爱，而后别人才会爱他；人必须先自敬，而后别人才会敬他。自爱是仁的极致，自敬是礼的极致。世界上没有不自爱、自敬，而能够被别人爱和敬的人。这句话强调了"自爱自敬"的重要性。扬雄对孔子"仁者寿"也有自己的发挥，《法言·君子》问："龙、龟、鸿、鹄不亦寿乎？"曰："寿。"曰："人可寿乎？"曰："物以其性，人以其仁。"这是扬雄在孔子思想的基础上把人与动物之所以会长寿的原因作了比较，说明动物的长寿是因为其物性，而人的长寿则是因为其有仁性。

王充受孟子影响以"恻隐"论仁，"恻隐不忍，仁之气也"（《论衡·本性篇》），不过他受汉代气学的影响提出了"仁气"说，认为"恻隐之心"是由于一种仁爱之气在起作用。

荀悦说："仁也者，慈此者也。"（《申鉴·政体》）所谓仁的含义，是指仁慈。他把儒家的民本和仁政思想结合起来讨论："或曰：'爱民如子，仁之至乎？'曰：'未也。'曰：'爱民如身，仁之至乎？'曰：'未也。汤祷桑林，邾迁于绎，景祠于旱，可谓爱民矣。'曰：'何重民而轻身也？'曰：'人主承天命以养民者也，民存则社稷存，民亡则社稷亡。故重民者，所以重社稷而承天命也。'"（《申鉴·杂言上》）他认为一般人所说的"爱民如子""爱民如身"，不是仁的最高境界，他举例说汤祷桑林，邾迁于绎，景祠于旱，他们为了老百姓的利益勇于牺牲自己才称得上是真正的爱民，是真正的民之父母。

魏晋以降，儒学式微，玄学崛兴，道教、佛教传播，在中国出现了儒、道（教）、玄、释既并列纷争，又相互融合的多元激荡的格局。魏晋士人不满于汉代经学，欲跳出皓首穷经的圈子，便从儒、道两家学说的综合中走向抽象的思辨，以自由的心态作玄远的哲学追求，而所使用的思想武器就是道家的追求个体自由的精神，形成了对儒家仁爱的解构与玄学化。

何晏《论语集解》卷一《学而》："本，基也。基立而后可大成。"并引包咸说："先能事父兄，然后仁道可大成。"把"本"解释为"基"，即基础的意思。如果一个人能够先侍奉父母，友爱兄弟，行孝悌之道，自然能成就"仁道"，可见其倾向于孝悌是仁的根本。

王弼坚持"崇本息末"的原则，在《老子指略》中称："兴仁义以敦薄俗，未若抱朴以全笃实。"他认为试图以复兴仁义来使浮薄的风俗变得敦厚，还不如怀抱纯朴来保全忠厚老实。王弼还说："自然亲爱为孝，推爱及物为仁也。"（《论语释疑·学而》）"亲爱"即"爱亲"之倒装，意谓对双亲之"爱"。所谓"物"指众人。从表面上看，王弼这两句文义简单，没有什么新意，其实，这二句的新颖之处，不在"亲爱为孝"及"推爱及物"，而在于"自然"二字。也就是说，他给予孝、仁以"自然"的基础，强调孝、仁不是表现在外在的人为装饰，而是发自内心的自然真情，不然，就会流于虚伪，甚至成为欺世盗名的工具。这种出于自然的真情实感，是儒家孝、仁等道德价值的基础。这样的解释是王弼为了调和名教与自然的矛盾，为儒家名教寻找一个得以立足的自然之本，重建"名教"秩序。

郭象说："冥山在乎北极，而南行以观之；至仁在乎无亲，而仁爱以言之。故郢虽见，而愈远冥山；仁孝虽彰，而愈非至理也。"（《庄子·天运注》）冥山在北极方向，而有人往南行走想看到它；最大的仁德在于没有亲疏的区分，而人们以有差等的仁爱来表达。所以，那个向南方走想看冥山的人，走到南方楚国的首都郢，实际上离冥山是越来越远了；那些讲差等之爱的人把仁爱孝悌发扬光大了，实际上与真理越来越远了。这是郭象站在道家立场上对儒家等差之爱的批评。

傅玄说："司寇行刑，君为之不举乐，哀矜之心至也。八辟议其故而宥之，仁爱之情笃也。"（《群书治要·傅子·法刑》）行刑时君主不举乐，体现了君主的哀矜之心；"八辟"①对贵族和官吏的减刑和赦免也表现了君主的仁爱之情，但他也注意到："柔愿之主，闻先王之有哀矜仁爱，议狱缓死也，则妄轻其刑而赦元恶。刑妄轻，则威政堕而法易犯；元恶赦，则奸人兴而善人困。"（《群书治要·傅子·法刑》）过分柔弱的君主固然有哀矜之心、仁爱之情，但议狱缓死则妄轻其刑而赦元恶，会造成不良后果。

唐代韩愈在《原道》中提出"博爱之谓仁"，这是对孔子"仁者爱人""泛爱众"的发展。他还一反孟子辟杨墨的说法，认为儒墨有相通之处。《读墨子》一文认为："孔子泛爱亲仁，以博施济众为圣，不'兼爱'哉？""儒墨同是尧舜，同非桀纣，同修身正心以治天下国家，奚不相悦如是哉？""孔子必用墨子，墨子必用

---

① 古代法律规定八种人的犯罪须经特别审议，并可减免刑罚，称为"八辟"。《周礼·秋官·小司寇》："以八辟丽邦法，附刑罚：一曰议亲之辟，二曰议故之辟，三曰议贤之辟，四曰议能之辟，五曰议功之辟，六曰议贵之辟，七曰议勤之辟，八曰议宾之辟。"

孔子。不相用，不足为孔墨。"韩愈提出了孔墨相用之说，认为孔子的仁爱与墨子的兼爱实质上相同，可以相互为用。

柳宗元主张以儒为主，对诸子百家采取兼容并包的态度，吸取佛教中的若干理论命题而否定它的宗教形式，在此基础上建立自己的思想体系。在《柳州复大云寺记》中，他说重建大云寺，是因为他发现越人迷信祥怪，易犯杀戮，傲横不化，背离仁义。他希望通过佛教慈悲为怀来感化当地人。佛寺建成之后，地方上的百姓开始抛弃迷信鬼神巫术的陋习，停止滥杀禽畜，努力趋向于讲究仁爱，"人始复去鬼息杀，而务趣于仁爱"。他之所以这样做，是因为他认识到"唯浮图事神而语大，可因而入焉，有以佐教化"（《柳州复大云寺记》），即佛教有助于教化，可以"佐世"。他认为，儒家讲仁爱，佛教也讲仁爱，所以可以以佛补儒。柳宗元在《贞符并序》中主要写了唐王朝的治国安民措施，并一再强调"仁"，如"仁函于肤，刃莫毕屠"。"十圣嗣于理，仁后之子。""天之诚神，宜鉴于仁。神之曷依？宜仁之归。""仁增以崇，曷不尔思。"只要唐王朝以德治国，讲究仁爱，便可以长治久安。

大致来说，汉唐时期儒家学者在论"仁"时大多以血缘亲情为基础，注重人与人、人与物之间的情感之爱，而从韩愈开始到北宋时期的儒家学者受到佛、道终极本体的超越性的影响，注重"仁"的宇宙或人生本体层面的提升，多以体用本末等方法论来阐发"仁"的广泛意义。

北宋张载在《西铭》中说："乾称父，坤称母。予兹藐焉，乃混然中处。故天地之塞，吾其体。天地之帅，吾其性。民吾同胞，物吾与也。"人是天地父母的大孩子，人与天地之间的其他万物处于一个生命的整体之中，将人与人、人与万物的隔阂全部打开，有了人与天地万物一体的含义。他发展了孟子的思想，"恻隐，仁也；如天，亦仁也"（《正蒙·有德篇》）。任何一个人表现出来的恻隐之心就是仁在人道层面的体现，同时，张载更将"仁"提升到本体论的高度，认为天道之生生不息也是仁的体现。张载为仁爱立起宇宙论的形而上基础，使儒家仁爱贯通天道与人道。张载还非常重视仁爱的实践功夫，建构了一个以"明礼以践仁"为核心的践仁体系。他引用《礼记·曲礼上》"恭敬、撙节、退让以明礼"一句，认为这是"仁之至也，爱道之极也"（《正蒙·至当篇》）。他把仁爱推到君主，强调"人主……须有仁心"（《经学理窟·周礼》）。有仁心才能行仁政。他举例说，"唐太宗虽英明，亦不可谓之仁主；孝文虽有仁心，然所施者浅近，但能省刑罚，薄税敛，不惨酷而已。自孟轲而下，无复其人"（《经学理窟·周礼》）。张载认为，有仁心行仁政大概只是儒家的一种理想，秦汉以后的帝王实际上都没有做到。

程颢论一体之仁，他说："若夫至仁，则天地为一身，而天地之间，品物万形为四肢百体。夫人岂有视四肢百体而不爱者哉？圣人，仁之至也，独能体是心而已，曷尝支离多端而求之自外乎？故能近取譬者，仲尼所以示子贡以为仁之方也。医书有以手足风顽谓之四体不仁，为其疾痛不以累其心故也。夫手足在我，而疾痛不与知焉，非不仁而何？"（《二程遗书》卷四）圣人以天地万物一体之仁，就是要把天地万物看成是与自己生命息息相关的一个更大的生命体，并要像对待自己的生命那样珍惜和爱护之。程颢还提出"君道以至诚仁爱为本"（《河南程氏文集》卷十一），认为宋仁宗有尧舜之仁。"然而天下未治者，诚由有仁心而无仁政尔。"（《河南程氏文集》卷五）他希望仁宗明白仁为王道之本，有仁心还要推广到行仁政。

程颐对传统的爱与仁的关系进行分辨解析。有人向程颐请教："爱人是仁否？"程颐曰："爱人乃仁之端，非仁也。""爱人，仁之事耳。"（《河南程氏外书》卷十二）《二程粹言》云："仁者必爱，指子为仁则不可。"又《二程遗书》卷十八：

　　问仁。曰："此在诸公自思之，将圣贤所言仁处，类聚观之，体认出来。孟子曰：'恻隐之心，仁也。'后人遂以爱为仁。恻隐固是爱也。爱自是情，仁自是性。岂可专以爱为仁？孟子言恻隐为仁，盖为前已言'恻隐之心，仁之端也'，既曰仁之端，则不可便谓之仁。退之言'博爱之谓仁'，非也。仁者固博爱，然便以博爱为仁，则不可。"

他认为，古圣先贤在很多地方都讲到"仁"，孟子以"恻隐"言仁便是其一。"恻隐"固是爱，但却属于情，是仁性的发端，所以不能直接以爱等同于仁。韩愈"博爱之谓仁"的命题影响很大，但程颐以为不妥，因为仁和爱的关系是，"仁是爱的所以根据，爱是仁的情感表达"[①]，所以"仁爱"从逻辑上说实际上是由性而情，或曰性生情。由仁性生发为情用，即仁发为亲爱，扩展为博爱，但不能反回来说博爱就是仁，因博爱不能尽仁。不过，"仁"毕竟主要是通过"爱"来表现的，所以程颐又说："仁主于爱，爱莫大于爱亲。曰：'孝弟也者，其为仁之本欤！'"（《二程遗书》卷十八）仁不等于爱，但又以爱为主，这种爱又以亲情之爱为首要，这就是《论语》以孝悌为仁之本的深意。所以朱熹《论语集注·学而》里面引程颐的话说："孝弟，顺德也，故不好犯上，岂复有逆理乱常之事。德有本，本立则其道充大。孝弟行于家，而后仁爱及于物，所谓亲亲而仁也。故为仁以孝弟为本。"意思是说，孝悌是一种顺从父母长辈的德行，在家庭、家族顺从父母长辈，到了社会上就不会有犯上作乱之事了，并且会把这种基于血缘亲情的仁爱推及于天地万物，所以说孝悌为仁之本。

朱熹也认为不能简单地把仁等同于爱。朱熹《论语集注·学而》注释"其为人也孝弟"章说："仁者，爱之理，心之德也。"所谓"仁者，爱之理"，是就天地之生气、生意而言。天地之生气、生意即生生之理，由此可见天地之心。天地之心即"仁"，"仁是天地之生气"（《朱子语类》卷六），"生底意思是仁"（《朱子语类》卷六），此生之仁在人则为性，体现为仁义礼智四德，而仁则包此四德。所谓"仁者，心之德"，是就人心之德性而言。"'天地以生物为心。'天包着地，别无所作为，只是生物而

---

① 陈来：《仁学本体论》，读书·生活·新知三联书店，2014年，第268页。

已。亘古亘今，生生不穷。人物则得此生物之心以为心，所以个个肖他，本不须说以生物为心。"（《朱子语类》卷五十三）天地之生意亦即天地之心，天地生人，人得此生物之心以为心，于是人心之德即仁德，仁德统合仁义礼智四德。所以，仁以偏言为爱之理，以专言为心之德，无论偏言、专言，都是仁之一体两面，在这个意义上也可以说爱之理便是心之德。就二者的关系说，"'仁者爱之理'，理是根，爱是苗。仁之爱，如糖之甜，醋之酸，爱是那滋味"，"仁是根，爱是苗，不可便唤苗作根。然而这个苗，却定是从那根上来的"。"仁是爱之理，爱是仁之用。未发时，只唤做仁，仁却无形影；既发后，方唤做爱，爱却有形影。""仁者，爱之理；爱者，仁之事。仁者，爱之体；爱者，仁之用。"（《朱子语类》卷二十）可以看出，朱熹是从本与末、体与用、理与事、未发与已发等相互联系的视角对"仁"进行形而上的诠释。朱熹又说："且看春间天地发生，蔼然和气，如草木萌芽，初间仅一针许，少间渐渐生长，以至枝叶花实，变化万状，便可见他生生之意。非仁爱，何以如此？缘他本原处有个仁爱温和之理如此，所以发之于用，自然慈祥恻隐。"（《朱子语类》卷十七）可见在朱熹看来，万物之所以生生不息，自有其源头活水，这个"本原处"就是天地具有的仁爱恻隐之心。

陆九渊把孟子所讲的仁、义、礼、智四种道德观念的萌芽看作是人心的本源，他甚至直接说："仁，人心也，心之在人，是人之所以为人，而与禽兽草木异焉者也。"（《陆九渊集·拾遗》）这就是说，仁即人心，是人之所以为人而区别于禽兽的根本。"仁即此心也，此理也。"（《陆九渊集·与曾宅之》）这就是说，仁即人心，仁即天理。这样，儒家奉行的五德之首和全德之"仁"就既体现在"心"上，也体现在"理"上。因此，"仁"就成为所有人道德活动的轴心。在修养功夫论上，《论语》提出"见贤思齐焉，见不贤而内自省也"（《论语·里仁》），"吾日三省吾身"（《论语·学而》），即要人们从内部入手，进行自我反省，陆九渊进一步概括为"切己自反，改过迁善"的简易功夫，即"发明本心"。"本心"即"仁心"，"发明本心"就是发明本心之仁，具体包括存心、养心、求放心等。陆九渊以"心"的道德主宰性来讨论仁政，认为君主的仁爱之心是君主实行仁政的根本，"君之心，政之本"（《陆九渊集·程文》），所以对于君主来说，行仁政要以正心为本，"为政在人，取人以身，修身以道，修道以仁。仁，人心也。人者，政之本也，身者，人之本也，心者，身之本也。不造其本而从事其末，末不可得而治矣"（《陆九渊集·荆国王文公祠堂记》）。君主的仁爱之心是为政之本，如果君主不能立此本心，国家就不可能治理好。陆九渊试图通过君主对仁心的扩充，发挥其仁政爱民的主体性作用。

王阳明是心学的集大成者，他以"心"为主宰彰显人的主体性。他说："心者身之主也，而心之虚灵明觉，即所谓本然之良知也。"（《传习录中·答顾东桥书》）这就是说，作为身之主的心其本质属性是虚灵明觉，这也就是本然的那个良知。他进一步向弟子们解释说："天没有我的灵明，谁去仰它高？地没有我的灵明，谁去俯它深？鬼神没有我的灵明，谁去辨它吉凶灾祥？"（《传习录》下）这里的"灵明"就是指"虚灵明觉"的主宰心。这一段话的意思是说，如果没有人的灵明之心，就不会存在天高地深的观念，也不会产生关于鬼神的吉凶祸福的思想。在他看来，"这灵明之心就是仁，就是天地之心"。[1]正是在这一意义上，人为天地之心，是因为人有此灵明之心，即有此仁，此心此仁实际上就是天地万物的主宰，这就突出了人在天地万物之中的主体地位，表现了人的主动性、能动性。要实现人与天地万物一体的境界，就必须充分发挥人的灵明之心，即仁的主观能动作用。他在前人的基础上对"一体之仁"有更深入的论述，《传习录中·答顾东桥书》说："夫圣人之心，以天地万物为一体，其视天下之人无外内远近，凡有血气，皆其昆弟赤子之亲，莫不欲安全而教养之，以遂其万物一体之念。"就是说，能够达到"一体之仁"的只有圣人。圣人之心与天地万物为一体，所以对待天下之人，能够超越亲疏远近内外的差别，把天底下凡是有生命血气的，都看成像亲兄弟一样有着赤诚的亲情，都会保障他们的平安并且施以教养，以实现他的天地万物一体的本心。王阳明在《大学问》中还说："夫大人者，以天地万物为一体者也，其视天下犹一家，中国犹一人焉。若夫间形骸而分尔我者，小人矣。大人之能以天地万物为一体也，非意之也，其心之仁本若是，其与天地万物而为一也。"这里的"大人"也就是圣人。大人（圣人）之所以能"以天地万物为一体"，乃是出于其本心之仁的显现。而这个仁心，人人固有，只是小人因躯壳的自我限

---

① 蒙培元：《理学范畴系统》，人民出版社，1989年，第501页。

定，蔽于私欲，不能发扬光大此仁心，顾自小之，所以有物我之分，而无一体之感。人人固有此仁心，所以见孺子入井，恻隐之心自然流露，思以救之，不救则心不安。

刘宗周说："人合下生来，便能爱，便是亲亲。由亲亲而推之，便能仁民，便能爱物。天地以生物为心，人亦以生物为心，本来之心，便是仁；本来的人，便是仁。故曰：'仁，人心也。'又曰：'仁者，人也。'"（《明儒学案·蕺山学案》）刘宗周虽然没有明确地提到"情"字，但强调人与生俱来的亲情之爱是仁的根本，由此外推便能仁民、爱物。这种血缘亲情之爱是仁的原意，是人的本质。刘宗周又说："凡以善承天心之仁爱而生死两无所憾焉，斯已矣。此之谓立命之学。至此，而君子真能通天地万物以为一体矣。此求仁之极则也。"（《刘子遗书》卷一）人如果能够以善心承接上天的仁爱，就生死无所遗憾。这就是立命之学，能达到这样的境界，就是君子与天地万物为一体的境界了，是求仁的最高境界。

明末清初之际的黄宗羲反思批判理学心学家的虚玄蹈空，认为："盖仁义是虚，事亲从兄是实，仁义不可见，事亲从兄始可见。孟子言此，则仁义始有着落，不堕于恍惚想象耳。""有亲亲而后有仁之名，则亲亲是仁之根也。"（《孟子师说》卷四）黄宗羲认为，仁义礼智对于事亲从兄而言不过是虚名，孟子言仁义的本意是使仁义有实在的着落，而不流于蹈虚。他进一步以虚实论仁，把这种与生俱来的血缘亲情看成是"仁之实"，"人生堕地，只有父母兄弟此一段不可解之情与生俱来，此之谓实"。"父子兄弟之间，纯是一团天性，不容直情径行。""赤子之心，只知一个父母，其视听言动，与心为一。"（《孟子师说》卷四）这种与生俱来的血缘亲情发自天性，存乎一心，是仁爱的本源。

王夫之界定"仁"说："仁者，人之心，天之理也。"（《四书训义》卷十八）仁在天为天理，在人为人心。"仁义立而五伦叙，礼以之序，乐以之和，故立人之道，仁与义而已矣。"（《礼记章句》一）这是对《易传》"仁义"思想的继承和发挥，但与孟子所说的仁义内涵有很大不同。孟子所说的"仁"实质是"恻隐之心"，"义"是"羞恶之心"，而王夫之所说的仁与义，则是气化过程形成的"人之生理"，"仁义者，阴阳刚柔之理以起化者也，人道于是而立"（《礼记章句》一）。就是说，仁义是人生秉天地阴阳刚柔之理于心中者，是人之所以为人之道，人道借以确立。《读通鉴论》卷六："人所以群居不乱异于禽兽者，以有仁爱礼义，知相敬事也。"人与动物都有群居的习性，但只有人能够做到讲仁爱，行礼义，懂得相互尊重，和谐相处。

戴震批判地继承了理学家"生生之仁"的思想，他说，"生生者仁"（《原善》卷上），"得乎生生者仁"（《原善》卷下），提出"生生之德"就是仁，他说："仁者，生生之德也。'民之质矣，日用饮食'，无非人道所以生生者。一人遂其生，推之而与天下共遂其生，仁也。"（《孟子字义疏证》卷下）他把自然界生生不息的运行解释成自然与人的共同本质，并把自然观上的生生不息之理贯彻、推广到人性价值观与社会历史方面去，确立人的本质为生生不息。这种仁爱精神，能使每一个个体小生命与人类整体这个大生命和谐相处。"人之生也，莫病于无以遂其生。欲遂其生，亦遂人之生，仁也。欲遂其生，至于戕人之生而不顾者，不仁也。"（《孟子字义疏证》卷上）"一人遂其生，推之而与天下共遂其生，仁也。"（《孟子字义疏证》卷下）"人之不相贼者，以有仁也。"（《原善》卷下）。戴震不仅仅看到了个人只有在物质需求的满足下才得以生存与发展，他还看到了天下人都是这样，所以要求人们不仅满足自己的生存与发展，还要推衍到满足他人的生存与发展，这样才能形成人与人乃至整个人类的和谐状态。

阮元认为圣贤之道重在实践，反对宋儒以心言仁，强调仁的人伦实践性。他提出"著于行事，始可称仁"的主张，认为："一介之士，仁具于心；然具心者，仁之端也，必扩而充之，著于行事，始可称仁。孟子虽以恻隐为仁，然所谓恻隐之心，乃仁之端，非谓仁之实事也。孟子又曰：'仁之实，事亲是也。'是充此心，始足以事亲，保四海也。"（《揅经室集·论语论仁论》）在这里，阮元通过对孟子正本清源的诠释，将"仁之端"和"仁之实事"区分开来，"仁之端"具于心，即"所谓恻隐之心"，但"仁之端"只是开端而已，必须通过扩充，见于实行，成为事实，才是现实的"仁"。阮元指出："亲亲而仁民，仁民而爱物之序，孝悌为人之本，即《孟子》所谓未有仁者而遗其亲者也，所以《尧典》必由九族而推至民雍也。博爱平等之说，不必辩而知其误矣。"（《揅经室集·论语论仁论》）阮元引用孟子亲亲而仁民，仁民而爱物和有子孝悌为人之本来说明儒家仁道落实在现实中是按照亲亲—仁民或泛爱众—爱物的同心圆扩展的逻辑进行的，是等差之爱，而立足于血缘亲情的孝悌则是仁爱的基础。正因为如此，儒家的"仁爱"与"博爱平等之说"有根本的差别，不能简单等同，不然就流入道佛之途。他说："自博爱谓仁立说以来，歧中歧矣。吾固曰：孔子之道，当与切实、浅近、平庸处论之，则春秋时学问之道显然大明于世，而不入于二氏之途。"（《揅经室集·论语论仁论》）只有重新回归孔门论仁才是切实、浅近、平庸的学术理路，才能不误入歧途。

四、仁爱思想的丰富内涵

概括起来，仁爱主要有五个层次的内涵，其实也是五个层次由内而外，由己及人，由人及万物的环环相扣的同心圆推展，这就是仁爱的逻辑。

第一，仁爱之心。人之为人有仁爱之心，才能够爱别人。仁爱之心是怎么来的？儒家认为仁爱之心是根于人天生的性善而内在地形成的。仁爱之心就是人的道德行为的发端，有仁爱之心才能形成人的道德。孟子是彻底的性善者，他不仅指出仁爱是人天生的本性，而且强调恶是人性的丧失。是否有良善之心，是人与禽兽最本质的区别。人之所以为人，就在于人有同情心、羞耻心、礼让心、是非心"四心"，即"良心"。按照孟子所言，有了"四心"也只是良心的开端，还要扩而充之，推而广之，才会拥有完全的良心。

第二，自爱。自爱是对自我整体的自尊自爱，首先是对自己身体的爱惜。仁爱是要从自爱开始，以自爱为起点，但不是以自爱为中心，而应该在自爱的基础上不断扩展到对他人乃至天地万物的爱。代表性的观点如《荀子·子道篇》的"仁者自爱"：

> 子路入，子曰："由！知者若何？仁者若何？"子路对曰："知者使人知己，仁者使人爱己。"子曰："可谓士矣。"子贡入，子曰："赐！知者若何？仁者若何？"子贡对曰："知者知人，仁者爱人。"子曰："可谓士君子矣。"颜渊入，子曰："回！知者若何？仁者若何？"颜渊对曰："知者自知，仁者自爱。"子曰："可谓明君子矣。"

孔子对弟子提出同一个问题，却得到三个弟子的不同回答，而从孔子对弟子们不同的回答作出的不同评价可以看出，孔子把知人爱人，看得比为人所知和为人所爱重要；把自知和自爱，看得比知人和爱人重要。这就是说，仁爱是从自爱开始，以自爱为起点。一个不知自爱的人去爱人，就是以其昏昏，使人昭昭，这是不行的。自爱是必要的，但人不能仅仅满足或停留在自爱，更不能以自爱为中心，而应该不断由自爱扩展到对他人乃至对天地万物的爱，不断提升仁爱的境界。汉代的扬雄强调人首先要自尊自爱，其次才能尊重他人，关爱他人。自尊自爱是尊重他人、关爱他人的必要前提。不可想象，一个自暴自弃的人，怎么会对他人产生友好行为。一个丧失了自信心和责任感的人，往往对别人也会采取损害的行为。北宋王安石说："爱己者，仁之端也，可推以爱人也。"（王安石《荀卿》）自爱是仁的开始，由此可以推广到对别人的爱。明代吕坤的《呻吟语》还提出了"自爱自全之道"。自爱不是自恋，是自律、自尊、自强。一方面，依推己及人的原则，一个人如果不知自爱，没有自己的情感体验，如何能够爱人呢？自爱与爱人是相通的。另一方面，自爱不仅是自己对自己的事情，它也要在自我与他人的关系中实现，即有被他人尊重的要求。一个人如不自爱又何来对他人爱己的需求呢？长期以来，我们过分强调爱人，没有注意到自爱。没有自爱作为基础，爱人也是空谈。

第三，爱亲人，即血缘亲情之爱。儒家讲的孝悌之道，就是血缘亲情之爱的集中体现。孔子非常重视孝悌，主张处理人伦关系要从孝悌做起。孝悌是实现"仁"的根本。《论语·学而》说："君子务本，本立而道生。孝弟也者，其为仁之本与！"表明"爱人"要从孝顺父母、尊敬兄长开始。如果一个人连自己的父母都不孝顺，他还有什么仁爱之心呢？所以，"孝道"乃为道德伦理的根本与基础。唯有能行孝悌者，才能去爱他人，因此，孝悌为仁爱之根本。子游问孔子什么是孝，孔子说："今之孝者，是谓能养，至于犬马，皆能有养，不敬，何以别乎？"就是说，赡养父母要对父母有发自内心的敬重之情，不然，就与豢养犬马没有分别了。

孟子进一步发展了孔子的思想，他认为："仁之实，事亲是也。"（《孟子·离娄上》）"亲亲，仁也。"（《孟子·尽心上》）仁爱的实质就是侍奉亲人。这里的亲亲，包括爱自己的父母，也包括爱其他的亲属，仁爱当从侍奉双亲开始，注重血缘亲情之爱是仁爱的应有之义。

儒家孝道思想以《孝经》为代表。孝是沟通天地万物的基本人伦道德，贯穿于人生的全过程。"夫孝，始于事亲，中于事君，终于立身"（《孝经·开宗明义》），汉代以后以孝治天下，对中国文化产生了重大而深远的影响。《孝经·圣治章》有云："不爱其亲而爱他人者，谓之悖德；不敬亲而敬他人者，谓之悖礼。"这是符合道德逻辑的，怎么能相信一个连自己父母都不爱的人能真心实意地爱他人呢？仁爱是从家庭血缘亲情推衍而来的，一个人只有先爱自己的亲人，才会去爱他人。没有亲情之爱，仁爱就成了无源之水，无本之木。正如盖楼房一样，不先盖第一层怎么能够盖第二、第三层呢？所以，儒家认为，爱人要从爱自己的亲人开始，然后推而广之去爱别人。

第四，"泛爱众"，即爱一切人。孔子教育弟子"泛爱众而亲仁"（《论语·学而》），希望弟子要广泛地去爱众人，亲近那些有仁德的人。孔子还把亲情之爱推及与自己没有血缘关系的人身上，"四海之内，皆兄弟也"（《论语·颜渊》）。如果对没有血缘关系的人能够以亲兄弟那样的态度与情感对待，那当然是"泛爱众"的体现。孔子要求人与人之间要充满爱心，对人要温、良、恭、俭、让，要"己欲立而立人，己欲达而达人"（《论语·雍也》），要"己所不欲，勿施于人"（《论语·颜渊》），通过"忠恕之道"落实仁爱。孔子要求国君"节用而爱人，使民以时"（《论语·学而》），要求国君节约用度，惠爱人民，而不要无穷尽地使用民力，要给老百姓休养生息的时间。《论语·乡党》记载："厩焚。子退朝，曰：'伤人乎？''不（否）！'问马。"孔子家的马棚失火被烧，他听到这个消息后，首先问人有没有受伤，回答说"没有"，孔子才问马怎么样。这说明孔子以人为本，重视人的生命价值，但也不是不关心动物的生命，只不过在人与动物之间，首先是关怀人，其次是关怀动物。

孟子说："君子以仁存心，以礼存心。仁者爱人，有礼者敬人。爱人者，人恒爱之，敬人者，人恒敬之。"（《孟子·离娄下》）心中有仁，就能爱人，能爱人，别人也能爱戴你；心中有了礼，能尊敬别人，别人也就能尊敬你。爱戴和尊敬都是相互的。这教导人们要对他人友爱、尊重，要能够与他人和谐相处。《礼记·礼运篇》以孔子的话表达了大道推行的大同社会的理想状况："人不独亲其亲，不独子其子。使老有所终，壮有所用，幼有所长，鳏寡孤独废疾者，皆有所养。"人们不只是亲爱自己的亲人，爱护自己的孩子，而是使老年人都有人尊敬奉养，成年人都能发挥自己的作用，小孩子有人抚养，鳏寡孤独废疾的人都有人供养。

第五，仁者与天地万物为一体。儒家还把仁爱之心推向天地万物，追求仁者与天地万物为一体的境界。

《尚书·武成》反对"暴殄天物"，指反对残害灭绝自然之物，即自然界的鸟兽草木以及人利用自然物制作的衣食住行之器物，这其中就蕴含了爱惜自然之物的意思，用今天的话说，具有保护生态环境的可贵思想。

孔子虽然没有把"仁爱"推及物的明确论述，但他对自然界的生命充满了怜悯之情。《论语·述而》载："子钓而不纲，弋不射宿。"孔子只用有一个鱼钩的钓竿钓鱼，而不用渔网捕鱼，以免伤害许多小鱼或其他生物。他只射飞在空中的鸟，不射巢中歇宿的鸟，以免伤害母鸟或小鸟。这充分体现了孔子爱物及取物有节的生态意识，同时体现了他爱惜生命的仁爱思想。

孟子发展了孔子的"仁爱"思想，提出了"亲亲而仁民，仁民而爱物"（《孟子·尽心上》）的道德观，主张在爱人的基础上，将心比心，推己及人，推人及物，将仁爱精神和情感贯注于无限广大的自然万物，用爱心将人与自然联结为一体。爱人的同时爱万物，珍惜每一个生命的存在，这就是今天我们常说的生态环保意识。儒家的生态环保意识是在人伦道德的基础上扩展的结果，也就是今天所谓的生态伦理学。孟子还提出"万物皆备于我"（《孟子·尽心上》），追求人与天地万物冥合为一的境界。齐宣王看见被赶去祭祀的牛可怜兮兮的样子动了恻隐之心，命令用一只羊去代替。对此，孟子认为齐宣王不让那头牛被送去作祭祀之用，是出于一种仁爱之心，但是齐宣王这样做是"见牛未见羊"，不知道以羊代替牛去做"牺牲"时，羊也是极其痛苦的。所以，孟子说："无伤也，是乃仁术也，见牛未见羊也。君子之于禽兽也，见其生，不忍见其死；闻其声，不忍食其肉，是以君子远庖厨也。"（《孟子·梁惠王上》）从礼仪的需要讲，宰杀牛羊作为祭品是必需的，但是真正的君子对有生命的东西，看到它们活着，便会不忍心再看到它们死去，听到它们的悲鸣或哀叫，更不会忍心去吃它们的肉。所以，君子远离残害生命的厨房，正是源于"仁爱生命"这一善良而美好的心灵。孟子又将仁爱精神推及于政治，从而形成了他的仁政学说。孟子认为，"人皆有不忍人之心"，"以不忍人之心，行不忍人之政"，这便是孟子的仁政论。在他看来，仁应当作为施政的根本。行仁政者得天下，失仁政者失天下，这是历史经验已经反复证明了的。不仁者而得邦国尚有可能，"不仁而得天下者，未之有也"，要统一天下，得到天下百姓的拥护，不施仁政是绝对做不到的。

汉代董仲舒说："仁之法，在爱人，不在爱我……人不被其爱，虽厚自爱，不予为仁。"强调仁爱不能局限在爱自己，要扩展到爱别人，这样才能体现仁的精神本质。董仲舒又说："质于爱民，以下至于鸟兽昆虫莫不爱。不爱，奚足谓仁？仁者，爱人之名也。"（《春秋繁露·仁义法》）非但要爱他人，连鸟兽昆虫都要爱。仁，其实就是爱的同义词。

北宋张载则进一步说："民吾同胞，物吾与也。"人是我们的同胞，万物是我们的朋友。爱人能够使社会生态得到平衡，爱物则使自然生态得到平衡。他使先秦儒家的仁爱思想发展到更高的阶段。此后，程朱理学、阳明心学对"天地万物一体之仁"之说加以详化、深化，二程说："医书以手足痿痹为不仁，此言最善名状。仁者以天地万物为一体，莫非己也。认得为己，何所不至；若不属己，自与己不相干。如手足之不仁，气已不贯，皆不属己。故博施济众，乃圣人之功用。"（《河南程氏遗书》卷二上）朱熹说："仁者，以天地万物为一体。"陆九渊提出"宇宙便是吾心，吾心便是宇宙"（《陆九渊集》卷三十六），王阳明认为："圣人之心，以天地万物为一体，其视天下之人，无外内远近：凡有血气，皆其昆弟赤子之亲，莫不欲安全而教养之，以遂其万物一体之念。"（王阳明：《传习录》中）"大人者，以天地万物为一体者也，其视天下犹一家，中国犹一人焉。若夫间形骸而分尔我者，小人矣。"（《王阳明全集》卷二十六）阐述了天地万物为一体，以及人对天地万物的责任，要求统治者"推其天地万物一体之仁以教天下"（《传习录中·答顾东桥书》）。这里"天下一家，中国一人"的思想显然来源于《礼记·礼运篇》："故圣人耐以天下为一家，以中国为一人者，非意之也。"意思是说圣人能以天下和合共为一家，能以中国共为一人，并不是一种臆想，而是可以实现的。

颜元在《颜元集·存性编》中概括说："性之未发则仁，既发则恻隐顺其自然而出。父母则爱之，次有兄弟，又次有夫妻、子孙则爱之，又次有宗族、戚党、乡里、朋友则爱之。其爱兄弟、夫妻、子孙，视父母有别矣，爱宗族、戚党、乡里，视兄弟、夫妻、子孙又有别矣，至于爱百姓又别，爱鸟兽、草木又别矣。此乃天地间自然有此伦类，自然有此仁，自然有此差等，不由人造作，不由人意见。推之义、礼、智，无不皆然，故曰'浑天地间一性善也'，故曰'无性外之物也'。"我们从这段话中不难看出，作者是以性善论为前提，认为人的本性就是仁，仁的自然流露就是爱。这种爱是有层次的，是从父母到兄弟，再到夫妻、子孙，再到宗族、亲戚、乡邻、朋友，再到百姓，再到鸟兽草木，以同心圆的方式层层扩展的。作者强调这一层层扩展的爱的次第就是宇宙自然的秩序，不是人为造作的，也不由人的主观意志来决定。

五、仁爱思想的现代传承与当代意义

"仁爱"是中国传统文化的核心价值观之核心，从孔孟到程朱、王阳明等历代大儒，都把"仁爱"作为一种最高的道德准则，它是中国古代伦理道德的宗旨和根本，是人们立身处世、为政治国的指南和规范，是中华人文精神的集中体现。近代以来，在西方各种文化思潮汹涌而入，中西文化冲突与融合的情况下，仁爱思想也不断地获得新的诠释，获得新的发展。

康有为一贯重视"仁"的相人偶之义，"仁者，人也。二人相偶，心中恻恺，兼爱无私也"（《论语注》）。"仁人，爱人之人也。"又说："仁者，在天为生生之理，在人为博爱之德。"（《中庸注》）他试图把传统儒家的仁爱观与西方的自由、平等、博爱结合起来，认为《论语》中"仁者爱人"的思想、韩愈《原道》中的"博爱之谓仁"的观点、《大学》里的"平天下"等说法，都是"博爱、平等、自由而不侵犯人之自由"的具体表述。在儒家传统仁爱思想的基础上，他提出了"人人独立，人人平等，人人自主，人人不相侵犯，人人交相亲爱，此为人类之公理"（《孟子注》），强调大同社会以仁爱为核心，提出爱天、爱地、爱宇宙、爱人、爱物、爱众生，直到把人类世界推进到极乐世界。

梁启超提出"新民说"，认为君子的核心美德是爱人，新民也要讲爱人，"爱己心与爱他心，一而非二者也"，爱己心有两种，即"变相之爱己心"和"本来之爱己心"。人爱己但又无力实现，于是就通过"合群"来实现，这种爱他实际上就是变相的爱己。因此："善能利己者，必先利其群，而后己之利亦从而进焉。以一家论，则我之家兴，我必蒙其福，我之家替，我必受其祸；以一国论，则国之强也，生长于其国者罔不强，国之亡也，生长于其国者罔不亡。故真能爱己者，不得不推此心以爱家、爱国，不得不推此心以爱家人、爱国人，于是乎爱他之义生焉。凡所以爱他者，亦为我而已。"①

谭嗣同专门写了《仁学》一书，他在《仁学》中说，仁"遍法界、虚空界、众生界，有至大至精微，无所不胶粘、不贯洽、不管络而充满之一物焉，目不得而色，耳不得而声，口鼻不得而臭味，无以名之，名之曰'以太'。其显于用也，孔谓之'仁'，谓之'元'，谓之'性'；墨谓之'兼爱'；佛谓之'性海'，谓之'慈悲'；耶谓之'灵魂'，谓之'爱人如己''视敌如友'；格致家谓之'爱力''吸力'，咸是物也"。他以"仁者通"为核心命题，阐发上下相通，男女相通，内外相通，从而实现上下平等、男女平等的理想社会，最终实现"通天地万物人我为一身"的博爱，爱一切众生，包括西方列强在内。他还以佛教的慈悲来解释儒家的仁爱，断言"慈悲，吾儒所谓'仁'也"（谭嗣同《上欧阳中鹄书》），而有了慈悲之心便可以实现人人平等。依他的观点，慈

---

① 梁启超：《十种德性相反相成义》，《梁启超选集》，上海人民出版社，1984年，第162—163页。

悲就是救人的度世精神，仁爱就是普度众生，这实际上把佛教的慈悲与儒家的仁爱画等号了，这一观点值得商榷。

孙中山先生提倡"新八德"，即忠孝、仁爱、信义、和平，试图以此代替宋代孝、悌、忠、信、礼、义、廉、耻的"旧八德"。经过孙中山的重新诠释，忠孝、仁爱、信义、和平等儒家道德观念被赋予了民主主义的革命内容，成为教育和启迪人民群众革命意识、民主意识和爱国意识的重要思想武器。戴季陶说："我确信中山先生的主义最崇高的一点是在他说明忠孝、仁爱、信义、和平的道德精神是民族自信力的基础。"[1]孙中山还说，"仁爱也是中国的好道德"，中国"古时在政治一方面所讲爱的道理，有所谓'爱民如子'，有所谓'仁民爱物'，无论对于什么事，都是用爱字去包括"。"仁爱的好道德，中国现在似乎远不如外国。中国所以不如的缘故，不过是中国人对于仁爱没有外国人那样实行，但是仁爱还是中国的旧道德。我们要学外国，只要学他们那样实行，把仁爱恢复起来，再去发扬光大，便是中国固有的精神。"[2]他极为赞赏韩愈对"博爱之谓仁"的解释，认为"博爱云者，为公爱而非私爱。即如'天下有饥者，由己饥之；天下有溺者，由己溺之'之意。与夫爱父母妻子者有别，以其所爱在大，非妇人之仁可比，故谓之博爱，能博爱，即可谓之仁。"[3]

① 中国人民大学中共党史系编：《戴季陶主义资料选编》，中国人民大学出版社，1983年，第14页。

② 《孙中山全集》第9卷，中华书局，1986年，第244—245页。

③ 《孙中山全集》第6卷，中华书局，1986年，第22页。

青年毛泽东曾经说："彼仁人者，以天下万世为身，而以一身一家为腕。惟其爱天下万世之诚也，是以不敢爱其身家。身家虽死，天下万世固生，仁人之心安矣。"（《讲堂录》）后来又指出："仁像现在说的'亲爱团结'。"[1]1939年4月29日，毛泽东在延安活动分子会议上作关于国民精神总动员的报告中解释"仁"："同情大多数人，拥护大多数人，对大多数人有益处的，叫'仁'。"这些解释与传统儒家和当时国民党政府在为抗战发出的国民精神总动员号召中所谈论的忠孝仁义，确实有区别。

2014年2月24日，习近平总书记在中共中央政治局第十三次集体学习时的讲话中概括了中华优秀传统文化的核心价值观："讲仁爱、重民本、守诚信、崇正义、尚和合、求大同。"这一概括言简意赅，抓住了中华优秀传统文化的精髓，是对社会主义核心价值观的提炼和补充。他特别把"讲仁爱"放在第一位，意味深长，意义重大。

2014年教师节前夕，习近平总书记到北京师范大学看望和慰问广大师生时指出："教育是一门'仁而爱人'的事业，做好老师，要有仁爱之心，没有爱心的人不可能成为好老师。"这是对为人师表的教师的殷切希望，对我们弘扬尊师重道的传统，重建师道具有高屋建瓴的指导意义。

习近平总书记的外交观饱含仁爱智慧，充满仁爱情怀。2013年10月24日，习近平总书记在周边外交工作座谈会上的讲话中指出："我国周边外交的基本方针，就是坚持与邻为善、以邻为伴，坚持

---

① 毛泽东：《致张闻天》，《毛泽东书信选集》，人民出版社，1983年，第147—148页。

睦邻、安邻、富邻，突出体现亲、诚、惠、容的理念。"他站在世界之巅，强调"中国梦"与"各国梦"相通，把中国人民的追求与世界人民的期盼连接在一起；他主张从"各国梦"走向"世界梦"的大同之路，他倡导世界各国共建人类命运共同体。2014年3月27日，习近平总书记在联合国教科文组织总部演讲时指出："当今世界，人类生活在不同文化、种族、肤色、宗教和不同社会制度所组成的世界里，各国人民形成了你中有我、我中有你的命运共同体。"2015年9月28日，习近平总书记在第七十届联合国大会上作了题为《携手构建合作共赢新伙伴 同心打造人类命运共同体》的报告，系统阐述了"人类命运共同体"的内涵："'大道之行也，天下为公。'和平、发展、公平、正义、民主、自由，是全人类的共同价值，也是联合国的崇高目标。目标远未完成，我们仍须努力。当今世界，各国相互依存、休戚与共。我们要继承和弘扬联合国宪章的宗旨和原则，构建以合作共赢为核心的新型国际关系，打造人类命运共同体。"

2016年12月31日，习近平总书记在《2017年新年贺词》中指出："中国人历来主张'世界大同，天下一家'。中国人民不仅希望自己过得好，也希望各国人民过得好。当前，战乱和贫困依然困扰着部分国家和地区，疾病和灾害也时时侵袭着众多的人们。我真诚希望，国际社会携起手来，秉持人类命运共同体的理念，把我们这个星球建设得更加和平、更加繁荣。"这就直接把中国传统"天下一家"作为今天人类走向大同的希望。

2017年1月18日，习近平总书记在日内瓦万国宫发表《共同构建人类命运共同体》的演讲，向世界宣告"中国方案是：构建人类命运共同体，实现共赢共享"，并全面系统地阐述了人类命运共同体理念，指出国际社会要从伙伴关系、安全格局、经济发展、文明交流、生态建设等方面作出努力来一起构建人类命运共同体，承诺"中国愿同广大成员国、国际组织和机构一道，共同推进构建人类命运共同体的伟大进程"。

儒家仁爱是建立在亲疏远近、尊卑贵贱等级基础上的"等差之爱"，具有同心圆式的由近及远、推己及人、层层扩展的特点，具体体现为人性本善，仁爱之心；仁者自爱，身心和谐；孝悌之道，家庭和谐；泛爱济众，人与人和谐；万物一体，人与自然和谐。今天我们继承发扬儒家的仁爱精神，就是要培养同情他人、关心他人和爱护他人的社会公德意识和热爱、保护自然环境的自觉意识，实现社会的全面和谐。

仁爱思想是儒家学说的核心，也是中华文化的核心价值观念。仁爱精神造就了中华民族的仁慈、善良、宽容、博大的品格，是中国人心灵家园的基石。仁爱是传统文化中最具当代价值的宝贵资源。

仁爱思想对我们民族精神产生过积极和深远的影响。我们中华民族崇德向善、见贤思齐、孝悌忠信、礼义廉耻、扶危济困、见义勇为、孝老爱亲等传统美德都与仁爱思想有密切关系。儒家仁爱是一种崇高而博大的道德精神，哺育了一代又一代华夏儿女，中华民族就是在这种仁爱精神中成长、繁荣、生生不息。

经典中的「仁爱」

一、《尚书》

　　《尚书》是中国古代最早的一部历史文献汇编，也是我国最早的政事史料汇编。用散文体写成，按朝代编排，分为《虞书》《夏书》《商书》和《周书》，记载了虞、夏、商、周的许多重要史实，真实地反映了这一历史时期的天文、地理、哲学思想、教育、刑法和典章制度等，是我们了解古代社会的珍贵史料。

【作者简介】

　　《尚书》的写作和编辑年代、作者已很难确定，但在汉代以前就已有了定本。相传孔子晚年集中精力整理古代典籍，将上古时期从尧舜一直到春秋秦穆公时期的各种重要文献资料汇集在一起，经过认真编选，挑选出100篇，编辑成《尚书》。孔子编成《尚书》后，曾把它用作教育学生的教材，但不少人认为这个说法不可靠。因为《尚书》的基本内容是古代帝王的文告和君臣谈话记录，由此推断作者很可能是史官。

【选文】

　　民罔常怀①，怀于有仁②。（《尚书·太甲下》）

【注释】

　　①罔（wǎng）：不。

　　②怀：心所向往。

【翻译】

民众并不是永远归附某一位君主，他们只归附有仁德的君主。

【解读】

老百姓的归附往往是没有常规的，如果说有常规的话，就是以行仁政者为依归。

二、《老子》

老子在出函谷关前著有五千言的《老子》，又名《道德经》或《道德真经》。《道德经》《易经》《论语》被认为是对中国人影响深远的三部思想巨著。《道德经》分为上下两册，共81章，前37章为上篇《道经》，第38章及以下为下篇《德经》，全书的思想结构是：道是德的"体"，德是道的"用"。《道德经》是后来的称谓，最初这本书称为《老子》而无《道德经》之名。其成书年代过去多有争论，至今仍无法确定，不过根据1993年出土的郭店楚简《老子》年代推算，成书年代至少在战国中前期。

【作者简介】

老子（约前571—前471），姓李名耳，字聃，一字或曰谥伯阳。楚国苦县厉乡曲仁里（今河南鹿邑）人，是我国古代著名的哲学家和思想家、道家学派创始人，被唐朝帝王追认为李姓始祖。老子乃世界文化名人，世界百位历史名人之一。在道教中，老子被尊为道教始祖。老子与后世的庄子并称老庄。

【选文】

是以圣人自知不自见①，自爱不自贵。故去彼取此。（《老子》第七十二章）

【注释】

①自见：自我表现，自我标榜。

【翻译】

有道的圣人有自知之明，而不自我标榜；自我爱惜，而不自以为高贵。所以，要舍弃后者（自见、自贵）而保持前者（自知、自爱）。

【解读】

老子对当时社会抱着批判态度，而把希望寄托在理想中的"圣人"身上。圣人有自知之明，有自爱之心。他不自我标榜，不自我抬高。老子希望统治者不要自居高贵，而要自知、自爱，抛弃自见和自贵，只有这样才能维持社会的稳定。

【选文】

上善若水。水善利万物而不争，处众人之所恶，故几于道①。居善地，心善渊②，与善仁③，言善信，正善治④，事善能，动善时。夫唯不争，故无尤⑤。（《老子》第八章）

【注释】

①几：近。

②渊：深沉。

③与：相与，交友。

④正：同"政"。

⑤尤：过失。

【翻译】

最高的善德像水一样。水善于使万物获益而不与万物相争，它安处于众人所不喜欢的卑下之地，所以接近于道。处世善于安居卑下，心地善于保持深沉，交友能相亲相爱，说话善于恪守信用，为政善于治理，办事善于发挥才能，行为善于待机而动。正因为它像水那样与万物无争，所以才没有过失。

【解读】

这句话是老子用水来比喻有高尚品德的人。他认为水有三样品格：一是柔，二是停留在卑下的地方，三是滋润万物而不与之争。而最完善的人格也应该具有这样的品格，不但做有利于众人的事情，而且还愿意去众人不愿去的卑下之地，愿意做别人不愿做的事情。有完善人格的人可以忍辱负重，任劳任怨，能尽其所能地贡献自己的力量去帮助别人，而不与别人争功争名争利，有接近于"道"的无私无欲的本性。

【选文】

吾有三宝，持而保之：一曰慈，二曰俭①，三曰不敢为天下先。夫慈，故能勇；俭，故能广②；不敢为天下先，故能成器长③。今舍慈且勇④，舍俭且广，舍后且先，死矣！夫慈，以战则胜，以守则固。天将救之，以慈卫之。（《老子》第六十七章）

【注释】

①俭：啬，保守，有而不尽用。

②广：大方。

③器：指万物。长：君长，首领。

④且：取。

【翻译】

我有三件法宝执守而且保全它：第一件是慈爱；第二件是俭啬；第三件是不敢居于天下人的前面。慈爱，所以能勇武；俭啬，所以能大方；不敢居于天下人之先，所以能成为万物的首领。现在丢弃了慈爱而追求勇武，丢弃了俭啬而追求大方，舍弃退让而求争先，结果是走向死亡。慈爱，用来征战就能够胜利，用来守卫就能巩固。假如上天要帮助谁，总是用慈爱来护卫他。

【解读】

老子说，"道"的原则有三条（即三宝），这就是："慈"，有柔和、和善之意；"俭"，即含藏培蓄，不奢侈，不肆为；"不敢为天下先"，是"谦让""不争"的思想。我们经常讲慈母，有慈爱心的母亲看似柔弱，当孩子遭遇危险时则能够非常勇敢地拼力保护自己的孩子；节俭，就能够使财物不竭穷，所以能大方助人；不与他人争先恐后、计较一时成败的人，会因为自己持之以恒的努力最终超越他人。老子认为，一个人如果能够运用这三条原则，就是一个有"道"的人，就能使自己更好地生存和发展。否则，便会自取灭亡。其中，"慈爱"特别重要，有慈爱心，参加征战就能胜利，守卫家园就能巩固，也能得到上天的特别眷顾，得到护佑。

三、《论语》

《论语》由孔子的弟子及再传弟子编写而成，至汉代成书。主要记录孔子及其弟子的言行，较为集中地反映了孔子的思想，是儒家学派的经典著作之一。首创语录体并以其为主，叙事体为辅，集中体现了孔子的政治主张、伦理思想、道德观念及教育原则等。与《大学》《中庸》《孟子》并称"四书"。

【孔子简介】

孔子（前551—前479），子姓，孔氏，名丘，字仲尼，祖籍宋国栗邑（今河南商丘夏邑），生于春秋时期鲁国陬邑（今山东曲阜）。孔子开创了私人讲学的风气，是儒家学派的创始人。中国著名的思想家、教育家，与弟子周游列国14年，晚年修订六经，即《诗》《书》《礼》《乐》《易》《春秋》。相传他有弟子三千，其中有七十二贤人。孔子去世后，其弟子及再传弟子把孔子及其弟子的言行语录和思想记录下来，整理编成儒家经典——《论语》。

【选文】

子曰："弟子入则孝，出则悌，谨而信，泛爱众，而亲仁。行有余力，则以学文。"（《论语·学而》）

【翻译】

孔子说："年轻人应该回家孝顺父母，出门尊敬兄长，做事谨慎，恪守信用，广泛地爱人并亲近有仁德的人。还有余力，就用来读书学习。"

【解读】

"仁"不仅要求爱亲，而且要"泛爱众"。"泛爱众"即广泛地爱众人，包括亲人、友人、邻人、国人，甚至是敌人。这样，以"爱亲"为根基的"仁"就获得了更高层次的道德规定，这是"仁"由"爱亲"而推及"泛爱众"的一个重要的伦理升华，显示了儒家思想的开放性和包容性。

【选文】

子曰："道千乘之国①：敬事而信，节用而爱人②，使民以时。"（《论语·学而》）

【注释】

①道：通"导"，作动词用。这里是治理的意思。千乘之国：乘（shèng），意为辆。这里指古代军队的基层单位。每乘拥有四匹马拉的兵车一辆，车上甲士3人，车下步卒72人，后勤人员25人，共计100人。千乘之国，指拥有1000辆战车的国家，即中等规模的诸侯国。

②爱人：古代"人"的含义有广义与狭义的区别。广义的"人"，指一切人群；狭义的"人"，仅指士大夫以上各个阶层的人。此处的"人"与下句的"民"相对而言，可见其用法为狭义。

【翻译】

孔子说："治理一个拥有一千辆兵车的大国,应该做到:要严谨认真地办理国家大事而又恪守信用,节约财政开支而又爱护官吏臣僚,使用百姓要不耽误农时。"

【解读】

本章是对治理国家的领导人讲的,讲了五点:"敬事""信""节用""爱人""使民以时"。虽然简单明了,却包含着深刻的道理。"敬事而信"则民心悦诚服,"节用"物力则足食,"爱人""使民以时"则足食足兵,民信之矣。五者相互联系,互为支撑;五者足具,方能治国。其中"爱人""使民以时"两个方面都是仁爱思想在治国中的具体运用。孔子的治国思想是对其思想体系的核心观念——"仁"的扩展。

【选文】

樊迟问仁。子曰:"爱人。"(《论语·颜渊》)

【翻译】

樊迟问孔子,什么是仁。孔子说:"仁,就是能够爱人。"

【解读】

樊迟向孔子提出了什么是"仁"的问题,孔子回答说:"仁",就是"爱人",阐明了"仁者爱人"这一主题思想。以爱人作为仁的基本规定主要有两方面的内涵:一是就人和物的关系而言,前者比后者重要;二是就人和人之间的关系而言,应当互相尊重和敬爱。这就凝结成普遍的人道原则:肯定人的价值和尊严。

【选文】

子钓而不纲①，弋不射宿②。（《论语·述而》）

【注释】

①纲：提网的总绳，这里指有大纲的渔网。

②弋：射鸟器。宿：歇宿的鸟。

【翻译】

孔子在钓鱼时只用鱼竿钓鱼，而不用大渔网；打猎时，只射飞鸟，不射在巢中歇宿之鸟。

【解读】

这里既包含尊重生物——不竭泽而渔，也包含仁爱之心——保护老幼。孔子强调仁者"爱人"，同时也重视对动物的保护，反对人类的滥捕滥猎，破坏生态平衡。

【选文】

仁者必有勇，勇者不必有仁。（《论语·宪问》）

【翻译】

有仁德的人一定有勇气，有勇气的人不一定有仁德。

【解读】

一个有仁德的人一定有勇气，这种勇气是指大智大勇，而不是打架斗狠的匹夫之勇；反过来说，一个有勇气的人却不一定有仁德，他可能会逞狠斗勇，甚至凶残暴烈。可见，儒家强调的是仁智勇三德，仁乃大勇，是更高层次的"勇"。历史上凡是明君，多以仁见长，少以勇著称。有仁者之心，做事无愧天地，无愧世人，方可无畏。

四、《郭店楚简》

1993年10月，在湖北省荆门市郭店村，郭店一号楚墓M1发掘出竹简，共804枚，为竹质墨迹。其中有字简703枚，共计13 000多个楚国文字，包含多种古籍，所记载的文献大多为首次发现，被鉴定为国家一级文物。郭店楚简具有重要的学术研究价值，被誉为"改写中国思想史的典籍"。郭店楚简《老子》是截止到20世纪末所发现的时代最早、文字最原始的道家著作。郭店楚简的儒学著作，弥补了孔孟之间儒家思想发展和传承的环节，对于研究中国哲学、思想史、经学史、楚国文化史和书法艺术等方面，都提供了可贵的资料。

【作者简介】

《郭店楚简》包括16篇先秦时期的文献，其中道家典籍3篇，儒家典籍13篇。这批典籍除《老子》《缁衣》见诸传世本，《五行》见于长沙马王堆出土的帛书外，其余皆为两千多年前的先秦佚籍，作者皆为先秦儒道两家的学者，但各篇的作者已经无可考证。

【选文】

是故欲人之爱己也，则必先爱人；欲人之敬己也，则必先敬人。（《郭店楚简·成之闻之》）

【翻译】

因此，要想别人关爱自己，就须先关爱别人；要想别人尊敬自己，就须先尊敬别人。

【解读】

《郭店楚简·成之闻之》是儒家佚书，反复阐述治人者必须"求诸己""求之于己""反诸己"的道理。最重要的就是要处理好爱人和敬人的相应关系。"爱己"和"爱人"，"敬己"和"敬人"实际上是统一的。

【选文】

父孝子爱，非有为也。（《郭店楚简·语丛三》）

【翻译】

孩子对父母的孝敬与父母对孩子的爱护，不是有意做出来的啊！

【解读】

父慈子孝是以"亲情"为基础的，而"亲情"是一种纯真无伪的自然之情，是不可有意而为，也不可不为的。如果有意而为，便已不符合孝悌的本意，但如果不为，同样也不能称其为孝悌。看来，最好的办法就是自然而然，让真情自然流露。

【选文】

爱亲，则其方爱人。（《郭店楚简·语丛三》）

【翻译】

一个人只有爱敬自己的亲人，他将来才能爱天下之人。

【解读】

爱自己的亲人未必能保证爱天下之人，但爱天下之人必以爱自己的亲人为出发点。这反映了儒家仁爱推己及人，以同心圆扩充的思想。

五、《墨子》

《墨子》是墨子弟子及其再传弟子对墨子言行、思想等记录的汇集、整理和发挥，现存53篇，是研究墨子和墨家学派思想的直接材料。全书分为四部分：第一部分是对墨子言行的记录，如《耕柱》《贵义》《公孟》《鲁问》《公输》5篇。第二部分是对墨子思想的记录，如《天志》《明鬼》等篇，属于前期墨家的思想。第三部分是关于墨家认识论、逻辑学和自然科学的思想内容，如《经》（上、下）《经说》（上、下）和《大取》《小取》6篇，属于后期墨家的思想。第四部分是对墨家研究的防御战术以及守城兵器与工具的记载，如《备城门》等篇。《墨子》内容广博，涉及政治、军事、哲学、伦理、逻辑、科技等方面，是研究墨子及其后学的重要史料。西晋鲁胜为《墨子》一书作过选文注释，可惜已经散失。如今的通行本有孙诒让的《墨子间诂》，以及《诸子集成》所收录的版本。

【作者简介】

墨子，生卒年不详，墨姓，名翟，春秋末期战国初期宋国人，一说鲁阳人，一说滕国人。墨子是宋国贵族目夷的后代，生前担任宋国大夫。他是墨家学派的创始人，也是战国时期著名的思想家、教育家、科学家、军事家。墨家在先秦时期影响很大，与儒家并称"显学"。他提出了"兼爱""非攻""尚贤""尚同""天志""明鬼""非命""非乐""节葬""节用"等观点。以兼爱为核心，以节用、尚贤为支点。墨子在战国时期创立了以几何学、物理学、光学为突出成就的一整套科学理论。在当时的百家争鸣时期，有"非儒即墨"之说。墨子死后，墨家分为相里氏之墨、相夫氏之墨、邓陵氏之墨三个学派。其弟子根据墨子生平事迹的史料，收集其语录，完成了《墨子》一书并传世。

【选文】

仁，爱己者，非为用己也①，不若爱马②，著若明。（《墨子·经说上》）

【注释】

①用：役使，使用。

②不若爱马：孙诒让校订为"不若爱马者"。

【翻译】

仁，爱己的人不是为了要役使自己，不像爱马的人是为了役用马。

【解读】

这是后期墨家对"仁"的一个界定，这里的"爱己"即是爱人如己，"非为用己"就是不是为了利用别人，不是以人为手段，不像"爱马"那样是为了用马，这就肯定了人的尊严、权利、价值，认为"人"不是手段而是目的。这个说法很符合孔子的思想，因为墨子曾经"学儒者之业，受孔子之术"（《淮南子·要略》），他的思想与儒家有相通之处。

【选文】

仁，仁爱也。义，利也。爱利，此也。所爱所利，彼也。爱利不相为内外，所爱利亦不相为外内。其为仁内也，义外也，举爱与所利也，是狂举也^①。若左目出右目入。（《墨子·经说下》）

【注释】

①狂举：妄乱的举法。

【翻译】

仁是爱，义是利。爱利之心在于己，同在内。所爱所利惠加于人，同在外。爱和利不能互相为内外，所爱所利的人、事、物也不能互相为内外。那些说仁为内，义为外的，举出内心的爱和外在所利交织在一起，这是妄乱的举法，如同看东西是从左眼出、右眼入一样。

【解读】

梁启超解释说："能爱能利者我也，所爱所利者彼也。能爱能利俱内，不能谓能爱为内，能利为外。所爱所利俱外，亦不能谓所爱为内，所利为外。"也就是说无论在爱和利的付出者一方还是接受者一方，爱和利都不能有内外之分。"爱"中有"利"，"利"中有"爱"，感情和利益在道德上是紧密联结、融合统一的整体。这是墨家对道德价值和利益价值关系的深刻概括。

【选文】

爱人不外己，己在所爱之中。己在所爱，爱加于己。伦列之爱

己^①，爱人也。（《墨子·大取》）

【注释】

①伦列：墨子说："义可厚，厚之；义可薄，薄之，谓伦列。"（《大取》）伦列之爱己，是根据义的要求来进行的。

【翻译】

爱人并不把自己排除在外，自己也在所爱之中。自己在所爱之中，所以爱也就加于自己。以义为标准的爱己，也就是爱人。

【解读】

这段话的中心思想是"伦列之爱己，爱人也"，这是墨家对"爱人"的定义。在以义为标准的爱己中，爱己犹爱人。爱己并非必然不义，只要它与爱人内在地统一起来，也是义而不是不义。"我"在所爱之中，但"我"不是在所爱之中居于优先地位的，这就是墨子所肯定的爱己，与儒家形成了强烈的对比。

【选文】

夫爱人者，人必从而爱之；利人者，人必从而利之；恶人者^①，人必从而恶之；害人者，人必从而害之。此何难之有？特上弗以为政^②，士不以为行故也^③。（《墨子·兼爱中》）

【注释】

①恶：憎恨。

②上：君王。弗：不。政：政务。

③行：行为。故：缘故。

【翻译】

凡是爱别人的人,别人也必然会爱他;有利于别人的人,别人也必然会有利于他;憎恶别人的人,别人也必然会憎恶他;损害别人的人,别人必然会损害他。实行这种兼爱有什么难的呢?只是由于居上位的人没有把它用于主持朝政,士大夫没有把它贯彻在行为中的缘故。

【解读】

如果人们都有"兼相爱"的善良动机,我做出爱人、利人的行为,人们就会爱我、利我,这就实现了"交相利"。所谓"投之以桃,报之以李",说的就是这个道理,可以达到互爱、互利的共赢效果。

【选文】

视人之国,若视其国;视人之家,若视其家;视人之身,若视其身。是故诸侯相爱,则不野战;家主相爱,则不相篡;人与人相爱,则不相贼;君臣相爱,则惠忠;父子相爱,则慈孝;兄弟相爱,则和调。天下之人皆相爱,强不执弱,众不劫寡,富不侮贫,贵不傲贱,诈不欺愚,凡天下祸篡怨恨,可使毋起者①,以相爱生也,是以仁者誉之。(《墨子·兼爱中》)

【注释】

①毋:不。

【翻译】

看待别人的国家就像自己的国家,看待别人的家族就像自己的家族，看待别人的身体就像自己的身体。诸侯之间相爱，就不会发生野战；家族宗主之间相爱，就不会发生掠夺；人与人之间相爱，就不会相互残害；君臣之间相爱，君就会施惠、臣就会效忠；父子之间相爱，父亲就会慈爱、儿子就会孝敬；兄弟之间相爱，就会关系融洽。天下的人都相爱，强者就不压制弱者，人多势众就不会劫掠势单力薄的，富人不会欺侮穷人，高贵的不鄙视卑贱的，狡诈的也不欺骗愚笨的。举凡天下的祸患、掠夺、埋怨、愤恨都不可能发生，那就是由于相爱才有可能，所以仁人君子都十分赞美兼爱的美德。

【解读】

墨子"兼爱"的理想主义色彩非常浓厚，和孔子的大同思想，在理论方法上几乎完全相同。但孔子的大同理想，并不希望立刻实行，是要通过一种逐渐的进化，到了"太平世"才能实现。墨子却简单明了，除了实行兼爱，不容有别的主张。孔、墨异同之点在此。墨子的"兼爱"理想由于缺乏现实的经济、政治、社会基础，因而也就无法实现。从"爱无差等"和"爱有差等"的角度来说，墨家的"兼爱"比儒家的"仁爱"更能体现出博爱，突出了互助互利的精神，是应予以褒扬和发挥的。但墨子的"兼爱"，要人们做到爱人如爱己，实现的可能性微乎其微，所以在中国思想史上，墨家自秦汉以后就终结了。

六、《孟子》

《孟子》是中国儒家典籍中的一部，记录了战国时期思想家孟子的治国思想和政治策略，是孟子和他的弟子记录并整理而成的。南宋时朱熹将《孟子》与《论语》《大学》《中庸》合在一起称"四书"。自宋、元、明、清以来，都把它当作家传户诵的书。《孟子》是四书中篇幅最长的一本，有35 000字，一直到清末，"四书"一直是科举必考内容。

【作者简介】

孟子（前372—前289），名轲，字子舆（待考，一说字子车或子居）。战国时期鲁国人，鲁国庆父后裔。中国古代著名思想家、教育家，战国时期儒家代表人物。著有《孟子》一书。孟子继承并发扬了孔子的思想，成为仅次于孔子的一代儒家宗师，有"亚圣"之称，与孔子合称为"孔孟"。孟子幼年丧父，家庭贫困，曾受业于孔伋的学生。学成以后，以士的身份游说诸侯，想要推行自己的政治主张，到过梁国、齐国、宋国、滕国、鲁国。当时几个大国都致力于富国强兵，争取通过暴力的手段实现统一。孟子的仁政学说被认为是"迂远而阔于事情"，没有得到实行的机会。最后退居讲学，和他的学生一起，"序《诗》《书》，述仲尼之意，作为《孟子》七篇"。

【选文】

孟子曰：“君子所以异于人者，以其存心也。君子以仁存心，以礼存心。仁者爱人，有礼者敬人。爱人者人恒爱之，敬人者人恒敬之。”（《孟子·离娄下》）

【翻译】

孟子说：“君子之所以不同于一般人，是因为他保存在心里的东西不同。君子把仁保存在心里，把礼保存在心里。有仁心的人爱戴他人，有礼心的人尊敬他人。爱戴他人的人，他人就总会长久地爱他；尊敬他人的人，他人就总会长久地尊敬他。”

【解读】

因为“君子所性，仁义礼智根于心”（《孟子·尽心上》），所以一个人心中有仁，有爱心，就能爱戴他人，能爱戴他人，他人也能爱戴你；心中有礼，有敬心，就能尊敬他人，他人也就能尊敬你。这样说来，爱戴和尊敬都是相互的，没有无缘无故的爱戴和尊敬。孟子教导人们要对他人友爱、尊重，要能够与他人和谐相处。

【选文】

孟子曰：“知者无不知也，当务之为急；仁者无不爱也，急亲贤之为务。尧舜之知而不遍物，急先务也；尧舜之仁不遍爱人，急亲贤也。不能三年之丧，而缌、小功之察[①]；放饭流歠[②]，而问无齿决[③]，是之谓不知务。”（《孟子·尽心上》）

【注释】

①缌（sī）：亦称细麻，服丧三月的丧服。小功：服丧五个月的丧服。古代的

丧服制度以亲疏为等差，有斩衰、齐衰、大功、小功、缌麻五种名称，称为五服。

②放饭流歠：放饭，大口吃饭；流歠，大口喝汤。古人认为在尊长面前放饭流歠是很不礼貌的。歠（chuò），饮。

③齿决：用牙齿咬断干肉，也是不礼貌的行为。

【翻译】

孟子说："智者没有什么不知道的，但总是以抓住重要事情为急迫；仁者没有不爱的，但是务必先爱自己的亲人和贤者。尧舜的智慧不可能通晓一切事情，因为他急于先办理重要的事务；尧舜的仁德不能普遍爱一切人，因为他急于先爱自己的亲人和贤者。不能够做到守丧三年，却对缌麻、小功这样的丧礼仔细讲求；在尊长面前大口吃饭、大口喝汤，没有礼貌，却讲究不用牙齿咬干肉，这就叫作不识大体。"

【解读】

俗话说，"丢了西瓜捡芝麻"，在礼仪方面抓住了小的却失去了大的，抓住了次要的却失去了主要的，因小失大，舍本逐末，这就叫作"不知务"。凡事总有轻重缓急，因此，做事时要抓住当前急切应办的重要事情先做。在孟子看来，智者做事懂得抓住重要的事情，仁者虽有普遍之爱，但爱自己的亲人和贤者才是重要的。这反映了儒家仁爱是讲究差等之爱。

【选文】

孟子曰："爱人不亲反其仁，治人不治反其智，礼人不答反其敬。行有不得者，皆反求诸己，其身正而天下归之。《诗》云：

'永言配命，自求多福。'"（《孟子·离娄上》）

【翻译】

孟子说："我爱别人而别人不亲近我，应反问自己是否仁心不够、缺乏真诚；我管理别人而未能管理好，应反问自己是否知识不够、能力不强；我礼貌地对待别人而别人不能相应地回应，要反问自己态度是否不够恭敬。人的行为没有产生预期效果，就要反过来求问自己。如果自身行为端正，天下的人自然会来归附他。这就像《诗经》上说的：'常常思虑自己的行为是否合乎天命，以努力追求更多的幸福。'"

【解读】

当一个人的行为未得到对方相应的反应时，就应当首先反躬自问，好好检查自己。一般来说，通过别人对你的态度，就可以看到自己的缺点，进而加以改正，提升自己的修养，积极主动地与人为善。如果反躬自问，仁够了，智也够了，礼也够了，那么一般说来是会得到别人相应的仁爱和礼遇的。

【选文】

孩提之童①无不知爱其亲者。及其长也，无不知敬其兄也。亲亲，仁也；敬长，义也。无他，达之天下也。（《孟子·尽心上》）

【注释】

①孩提之童：二三岁的儿童。

【翻译】

二三岁的小孩没有不知道爱自己父母的。等他长大了，没有不知道尊敬自己兄长的。亲爱父母，便是仁；尊敬兄长，便是义。这没有别的什么原因，只因为仁和义可以通达于天下。

【解读】

孟子以孩童天生自然亲情的爱父母、敬兄长来说明"亲亲，仁也；敬长，义也"。一个人如果不亲亲，就是没有仁；如果不敬长，就是没有义。没有仁没有义，就是不仁不义。不仁不义之人，就是禽兽。可以看出，孟子反复强调的"根于心"的仁、义、礼、智"四端"，主要是仁、义之端。而他所说的仁、义是天下通行的品德，其实际内容就是孝悌之道。

【选文】

君子之于物也，爱之而弗仁；于民也，仁之而弗亲。亲亲而仁民，仁民而爱物。（《孟子·尽心上》）

【翻译】

君子对于万物，爱惜它们，但谈不上仁爱；对于百姓，仁爱他们，但谈不上亲近。君子亲爱亲人进而仁爱百姓，仁爱百姓进而爱惜万物。

【解读】

我们今天常说："让世界充满爱。"不过，充满什么样的爱？我们没有具体分析，也没有说明，而两千多年前的孟子则进行了分析，讲清楚了爱的差等性。对于禽兽草木这些"物"，主要是爱惜。爱惜的具体表现就是取之有时，用之有节。这种思想，已经有了我们今天保护环境、珍惜自然资源的意识。对于老百姓，需要仁爱。仁爱的具体表现就是孟子在《梁惠王上》里面所说的"老吾老以及人之老，幼吾幼以及人之幼"。而这种推己及人的仁爱，对禽兽草木等"物"是谈不上的。对于自己的亲人，则是一种基于血缘关系的亲情之爱，是爱之中最自然最亲密的一个层次。但是，只有当你能够亲爱亲人时，才有可能推己及人，仁爱百姓；只有当你能够仁爱百姓时，才有可能推己及物，爱惜万物。所以，爱虽然有亲疏、有差等，但这些亲疏差等之间却又有着内在的逻辑联系。从亲爱自己的亲人出发，推向仁爱百姓，再推向爱惜万物，这就形成了儒家"爱的连锁"。从仁爱的角度看，"亲亲"是仁的自然基础，"仁民"是仁的重点，"爱物"则是仁的最终完成。

【选文】

孟子曰："不仁哉，梁惠王也！仁者以其所爱及其所不爱①，不仁者以其所不爱及其所爱。"公孙丑曰："何谓也？""梁惠王以土地之故，糜烂其民而战之②，大败，将复之，恐不能胜，故驱其所爱子弟以殉之，是之谓以其所不爱及其所爱也。"（《孟子·尽心下》）

【注释】

①及：推及。

②糜烂：指由于战争使老百姓暴尸郊野，骨肉糜烂。

【翻译】

孟子说："梁惠王真是不仁啊！仁者把他对所喜爱的人的恩德，推及所不喜爱的人身上；不仁者把他对不喜爱的人的祸害，推及他所喜爱的人身上。"公孙丑问道:"您这么说是什么意思呢?"孟子说:"梁惠王为了扩张领土的缘故,就驱使他不喜爱的老百姓去打仗,使他们战死,暴尸郊野,骨肉糜烂。打了败仗,还准备再战,担心不能取胜,所以又驱使他所喜爱的子弟去以身殉国,这就叫作把他所不喜爱的人的祸害,推及他所喜爱的人身上。"

【解读】

孟子推崇仁政,希望为政者能够亲亲、仁民,但现实中梁惠王为一己之私,驱使老百姓去打仗,便是对老百姓的一种祸害。所以当梁惠王抱着利用百姓为其重整旗鼓,前去报仇雪耻的私心,向孟子请教诱民迁居于梁的时候,孟子毫不留情地戳穿了他的私心,并且狠狠地指责梁惠王"以土地之故,糜烂其民而战之",这样的行为是不仁。君主如果爱人民,人民都会来归附,人民所赖以生存的土地也会随之为其所有。君主如果为了扩张土地,使自己国家的人民大量牺牲,暴尸郊野,骨肉糜烂,那么用战争夺来土地又有什么意义呢?孟子对梁惠王的批评,反映了他在权贵面前正义凛然、铁骨铮铮、壁立千仞的人格。明代朱元璋试图加强封建专制,就让人删去《孟子》当中直白批评梁惠王的话。

【选文】

王如施仁政于民,省刑罚①,薄税敛,深耕易耨②。壮者以暇日修其孝悌忠信,入以事其父兄,出以事其长上,可使制梃以挞秦楚之坚甲利兵矣③。彼夺其民时,使不得耕耨以养其父母,父母冻饿,兄弟妻子离散。彼陷溺其民,王往而征之,夫谁与王敌?故曰:

"仁者无敌。"（《孟子·梁惠王上》）

【注释】

①省（shěng）：减免。

②耨（nòu）：锄草。易耨：勤于除草。

③梃（tǐng）：棍棒。挞（tà）：用鞭、棍等打人。

【翻译】

大王如果对老百姓施行仁政，减免刑罚，少收赋税，让老百姓有时间深耕细作，及时除草；让身强力壮的人有时间培养孝敬、友爱、忠诚、守信的品德，在家侍奉父母兄长，出门尊敬长辈上级。这样，国家遭遇侵略的危急时刻时，让他们制作些木棒，也足以抗击那些拥有坚实盔甲和锐利刀枪的秦、楚军队了。这是因为那些秦国、楚国的执政者为了不断发动战争，剥夺了老百姓的生产时间，使他们不能耕种庄稼来养活父母。他们的父母受冻挨饿，兄弟妻子东离西散。秦国、楚国的执政者使老百姓陷入灾难的深渊，这时如果大王去征伐他们，还会有谁来和大王抵抗呢？老话曾经说过："有仁德的人是无敌于天下的。"

【解读】

梁惠王因自己的国家处于强邻之间，屡战屡败，向孟子寻求雪耻图强的良方。孟子直截了当地提出了他的仁政主张。从具体内容来看，仁政不外乎物质和精神两个方面。在物质生产方面，一是省刑罚，二是薄赋税，三是深耕易耨。虽然省刑罚属于法治，薄赋税属于财政，深耕易耨才属于农业生产，但说穿了，前两项的目的都是为了让老百姓能够提高劳动积极性，发展生产，改善生活。在精神文明建设方面，主要是社会教化问题。通过孝、悌、忠、信的道德教化，培养年轻人孝敬、友爱、忠诚、守信的品德，在家侍奉父母兄长，家庭和睦；在外尊敬长辈上级，使社会和谐。孟子认为，只要这两手都抓住了，国无论大小都可以发展壮大。小国可以打败大国，弱国可以战胜强国。因为，施行仁政的人是无敌于天下的。

七、《庄子》

《庄子》具有很高的人文哲学价值。它共33篇，分内篇、外篇、杂篇。内篇7篇为庄子所作，外篇15篇和杂篇11篇一般认为是其门人和后学者的伪作。《庄子》的语言运用自如，灵活多变，能把一些微妙难言的哲理说得引人入胜。鲁迅先生称赞说："其文则汪洋辟阖，仪态万方，晚周诸子之作，莫能先也。"庄子的作品被人称为"文学的哲学，哲学的文学"。

【作者简介】

庄子（约前369—前286），姓庄，名周，字子休（一说子沐）。战国时代宋国蒙人。先祖是宋国君主宋戴公。他是东周战国中期著名的思想家、哲学家和文学家。创立了华夏重要的哲学学派——庄学，是继老子之后，战国时期道家学派的代表人物。庄周因崇尚自由而不应楚威王之聘，生平只做过宋国地方的漆园吏。史称"漆园傲吏"，被誉为地方官吏之楷模。庄子最早提出的"内圣外王"思想对儒家影响深远。庄子洞悉易理，深刻指出"《易》以道阴阳"。庄子"三籁"思想与《易经》"三才"之道相合。他的代表作品为《庄子》，其中的名篇有《逍遥游》《齐物论》等。与老子齐名，并称为老庄。

【选文】

爱人利物之谓仁。（《庄子·天地》）

【翻译】

给人们带来慈爱，给万物带来利益，就叫作仁爱。

【解读】

庄子把"爱人"和"利物"两者结合起来对"仁"下定义，也是对人们提出的道德要求，蕴含着人与自然和谐相处的理念。道家讲"爱人利物之谓仁"，与儒家"亲亲仁民，仁民爱物"其实是相通的，是儒道互补的思想基础。

【选文】

泛爱万物，天地一体也。（《庄子·天下》）

【翻译】

普遍、无差别地爱天地之间的万事万物，把天与地看成一个不可分离的生命整体。

【解读】

《庄子·天下》记载有惠施的历物十事，其中第十句为"泛爱万物，天地一体也"。这里的"爱"可以理解为爱护，"泛爱"是超越一切差别的普遍之爱，是"天地一体"的"逻辑结论"。由于惠施思想的基本倾向是合异为同，容易着眼于事物差别的相对性而取消差别，所以就认为天地本一体，应该无差别地泛爱万物。

【选文】

圣人之爱人也，人与之名，不告则不知其爱人也。若知之，若不知之，若闻之，若不闻之，其爱人也终无已，人之安之亦无已，性也。（《庄子·则阳》）

【翻译】

圣人对众人的慈爱，是因为人们给他命名为圣人，如果人们不这样称誉他，圣人也不知道自己慈爱他人。好像知道，又好像不知道，好像听见了，又好像没有听见，他给予人们的爱就不会有所终止，人们安于这样的慈爱也不会有所终止，这就是出于自然的本性。

【解读】

这是道家所讲的"圣人"对于人们的慈爱，是一种追求与道合一，以天为宗师，没有忧心智谋，若有若无，若存若亡，出于自然本性的境界。圣人之所以被尊称为"圣人"，是因为他仿效自然规律，顺从命运安排，认识到本质与天性之不可更改，返归本性，以道化人。

八、《管子》

《管子》是中国古代的学术典籍之一，是托名管仲的一部论文集。其中绝大部分思想资料是属于管仲学派的。内容非常丰富，涉及政治、经济、法律、军事、哲学、伦理道德等各个方面。写作年代大抵始于战国中期直至秦、汉。其中有关法家的篇章，主要出于战国中、后期的齐国法家。对法律和"法治"的论述综合前期法家法、术、势三派，杂糅道、儒的特色，自成体系，是研究先秦法律思想的重要著作。

【作者简介】

管仲（约前723—前645），齐国颍上（今安徽颍上）人。名夷吾，又名敬仲、字仲，谥号敬，史称管子。春秋时期齐国著名的政治家、军事家，周穆王的后代。管仲少时丧父，老母在堂，生活贫苦，不得不过早地挑起家庭重担。为维持生计，他与鲍叔牙合伙经商，后从军。几经曲折，经鲍叔牙力荐，为齐国上卿（即丞相），被称为"春秋第一相"，辅佐齐桓公成为春秋时期的第一霸主，所以又说"管夷吾举于士"。管仲的言论见于《国语·齐语》，另有《管子》一书，是托名管仲的一部论文集。

【选文】

厚爱利足以亲之，明智礼足以教之，上身服以先之①，审度量以闲之②，乡置师以说道之③。然后申之以宪令，劝之以庆赏④，振之以刑罚⑤。故百姓皆说为善⑥，则暴乱之行无由至矣。（《管子·权修》）

【注释】

①先：先导、表率。

②度量：长短、多少的标准，引申为法规、制度。闲：木栏之类的遮拦

物，引申为防范、控制。

③师：乡师，乡的长官。道：通"导"。说道：教导。

④劝：鼓励。

⑤振：通"震"，震慑。

⑥说：通"悦"。

【翻译】

君主如果能够付出厚爱和厚利，就足以亲近人民；申明知识和礼义，就足以教化人民。君主要以身作则来引导人民，审定规章制度来防范人民，设置乡官来教导人民，然后再用法令加以约束，用奖赏加以鼓励，用刑罚加以威慑。因此，百姓就都乐于做好事，人心向善，暴乱的行为便不会发生了。

【解读】

作者希望君主治国理民能够把"爱""利""教""宪令""庆赏""刑罚"融合在一起，教育与惩罚相结合，恩德与威慑相补充，二者相得益彰，相辅相成，集中体现了《管子》德教与法治并举的思想。显然，在《管子》思想里，礼与法是兼容并蓄的，礼中有法的约束力，法中亦有礼的内涵。

九、《荀子》

《荀子》是战国后期儒家学派最重要的著作，为战国后期赵国人荀子所著，全书现存共32篇，是荀子和弟子们整理或记录他人言行的文字。《荀子》因其批判地总结和吸收了各家思想而具有综合性的特点，在人性论、天人论、社会道德观、政治观、教育观等各方面都在儒家学派中独树一帜、别具特色。

【作者简介】

荀子（约前313—前238），名况，字卿，战国末期赵国人。著名思想家、文学家、政治家，时人尊称"荀卿"。西汉时因避汉宣帝刘询讳，因"荀"与"孙"二字古音相通，故又称孙卿。曾三次出任齐国稷下学宫的祭酒，后为楚兰陵（位于今山东兰陵）令。

【选文】

子路入，子曰："由！知者若何？仁者若何？"子路对曰："知者使人知己，仁者使人爱己。"子曰："可谓士矣。"子贡入，子曰："赐！知者若何？仁者若何？"子贡对曰："知者知人，仁者爱人。"子曰："可谓士君子矣。"颜渊入，子曰："回！知者若何？仁者若何？"颜渊对曰："知者自知，仁者自爱。"子曰："可谓明君子矣。"（《荀子·子道篇》）

【翻译】

子路进来。孔子说："仲由！明智的人是怎样的？仁德的人是怎样的？"子路回答说："明智的人能使别人了解自己，仁德的人能使别人爱护自己。"孔子说："你可以称为士人了。"子贡进来。孔子说："端木赐！明智的人是怎样的？仁德的人是怎样的？"子贡回答说："明智的人能了解别人，仁德的人能爱护别人。"孔子说："你可以称为士君子了。"颜渊进来。孔子说："颜回！明智的人是怎样的？仁德的人是怎样的？"颜渊回答说："明智的人有自知之明，仁德的人能自尊自爱。"孔子说："你可以称为贤明君子了。"

【解读】

这里从人—己关系的角度提出了仁爱的三种模式：使人爱己、爱人、自爱。荀子借孔子之口说明爱人比使人爱己重要，自爱又比爱人重要。"仁者自爱"的说法在先秦儒家不多见，但有其特殊意义。一个人如不自爱，又何来他人爱己的需求呢？不自爱而自暴自弃，又怎么能够爱别人呢？长期以来，我们过分强调爱人，没有注意到自爱。没有自爱作为基础，爱人也是悬空的。因此，儒家重视仁爱扩展的逻辑次序，推己及人，爱己爱人，实现天下归仁。

【选文】

陈嚣问孙卿子曰[①]："先生议兵，常以仁义为本；仁者爱人，义者循理，然则又何以兵为？凡所为有兵者，为争夺也。"孙卿子曰："非女所知也！彼仁者爱人，爱人，故恶人之害之也；义者循理，循理，故恶人之乱之也。彼兵者所以禁暴除害也，非争夺也。故仁者之兵，所存者神，所过者化，若时雨之降，莫不说喜。"（《荀子·议兵篇》）

【注释】

①孙卿子：即荀卿，荀况。

【翻译】

陈嚣问荀子说："先生议论用兵，经常把仁义作为根本。仁者仁爱他人，义者遵循道理，既然这样，那又为什么要用兵呢？大凡用兵的原因，是为了争夺啊。"荀子说："那仁者仁爱人，正因为仁爱他人，所以就憎恶别人危害他们；义者遵循道理，正因为遵循道理，所以就憎恶别人搞乱它。那用兵，是为了禁止横暴、消除危害，并不是争夺啊，所以仁人的军队，他们停留的地方会得到全面治理，他们经过的地方会受到教育感化，就像及时雨的降落，没有人不欢喜。"

【解读】

荀子处在战国末期，那个时候战争已经成为常态。在孟子"仁者无敌"的基础上，荀子提出"仁者之兵"，即仁义之兵。对此，他的学生提出质疑，荀子不像墨子那样主张"非攻"，他以仁义作为根本，从用兵的角度来论述"仁者爱人，义者循理"的思想，强调用兵的目的不是为了争夺，而是为了禁止横暴、消除危害。荀子的观点，对于我们今天看待世界上的各种冲突、争夺有重要的启示。

【选文】

体恭敬而心忠信①，术礼义而情爱人②，横行天下③，虽困四夷，人莫不贵。（《荀子·修身篇》）

【注释】

①体：通"履"。体验，实行。

②术：学习，实践。

③横行：纵横驰骋，毫无阻挡。

【翻译】

如果一个人能在待人接物上态度恭敬并且内心忠诚可靠，修习礼仪并且性情亲和仁爱，那么他就能驰骋天下而不受阻碍，即使身陷蛮夷之地，人们也都会把他看得尊贵。

【解读】

一个人通过修身养性，其外在的形象气质与内在的精神世界都会发生根本性的变化，同时能够遵循礼义法则，性情亲和仁爱，他就可以走遍天下，即使一时在偏远的地方陷于困境，人们也不会对他不敬。这就是修养带来的结果，说明修养可以给人以正能量。

十、《韩非子》

《韩非子》为法家集大成之作。《汉书·艺文志》所载共55篇，今传本正合其数，大多是韩非子所著，是研究韩非子思想的基本资料。韩非子从主张变革、反对复古的历史观出发；宣扬君主集权，任法术而尚功利，达到了先秦法家理论的最高峰，为秦统一六国提供了理论武器，同时，也为以后的封建专制制度提供了理论根据。他的说理散文在先秦诸子中具有独特的风格，文字峭刻，逻辑严密，具有很强的说服力。

【作者简介】

韩非子（约前280—前233），战国末期韩国都城新郑人，著名思想家、先秦法家思想的集大成者。韩非是韩国贵族，据《史记·韩非列传》记载，韩非见韩国的国势在东方各国中日渐削弱，就多次上书韩王，建议变法图强，修明法治，求才任贤，不被采纳，于是退而发愤著书，写出了《孤愤》《五蠹》《说难》等著作。史载，韩非使秦之时，被同学李斯等谗言所害，入狱，后服毒自杀。

【选文】

仁者，谓其中心欣然爱人也①。其喜人之有福，而恶人之有祸也。生心之所不能已也②，非求其报也。故曰："上仁为之而无以为也③。"（《韩非子·解老》）

【注释】

①中心：内心。

②生心：引起某种念头，多心。已：停止。

③上：上等，等级高或品质良好。

【翻译】

所谓的仁，指的是一个人内心真诚愉悦地喜爱他人。喜欢别人的幸福，厌恶别人有灾祸。怀着这样的心理，就会有抑制不住的内在感情去爱别人，并不是为了求得别人的报答。因此说："最高境界的仁，其所为是顺其自然的，不是为了什么目的而作为的。"

【解读】

这是韩非对老子思想的解释，是否合乎老子的原意可以讨论。

韩非子虽然否定儒家"仁义"对于国家政治的价值，但是他在《解老》中对"仁"所下的这个定义，仍然承认"仁"应当是一种对于他人的发自内心的不求回报的爱，这倒是非常符合儒家的思想，说明仁者爱人是先秦儒道法都认同的具有普遍性的观念。

【选文】

人主不可佯爱人①，一日不可复憎；不可以佯憎人，一日不可复爱也。（《韩非子·外储说右下》）

【注释】

①佯：假装。

【翻译】

君主不能假装喜爱臣子，一天之内假装喜爱就不可以又去憎恶他；君主也不能假装憎恶臣子，一天之内假装憎恶就不可以再去喜爱他。

【解读】

韩非的这段话就是要求君主在政治活动中要做到情感真诚，内外一致，爱憎分明，不能假装喜爱或憎恶，不可以一会儿喜爱，一会儿憎恶，喜怒无常。

【选文】

宋崇门之巷人，服丧而毁①，甚瘠②，上以为慈爱于亲，举以为官师。明年，人之所以毁死者岁十余人。子之服亲丧者，为爱之也，而尚可以赏劝也，况君上之于民乎？（《韩非子·内储说上》）

【注释】

①巷人：里巷平民。毁：旧指居丧时因悲哀过度而损害健康。

②瘠：身体瘦弱。

【翻译】

住在宋国都城门附近的居民中有一个人，由于服丧时悲哀过度而伤了身体，非常瘦弱。国君认为他是对父母慈爱孝敬的典范，就提拔他做了官员。第二年，宋国很多人服丧时都效仿他，因此导致过分哀痛以致死掉的，一年之中就有十多个人。儿子为父母守丧，是出于对父母的亲情之爱，君主对此尚且可以用奖赏的方式来加以鼓励，何况君主使用民众呢?

【解读】

这里通过一个比较极端的例子，表达了儿女对父母孝敬慈爱的感情，这在古代可以理解，在今天看来却有点不近人情。在那个时代，国君奖赏、鼓励这些行为，有着明确的政治目的，即通过孝道培养人们对君主的顺从，通过树立孝道典型，促进社会道德。不过，韩非子引用这个故事是站在法家立场上批判这种做法。

【选文】

人之情性莫先于父母①，皆见爱而未必治也②，虽厚爱矣，奚遽不乱③！今先王之爱民，不过父母之爱子，子未必不乱也，则民奚遽治哉！且夫以法行刑而君为之流涕，此以效仁④，非以为治也。夫垂泣不欲刑者仁也，然而不可不刑者，法也，先王胜其法不听其泣，则仁之不可以为治亦明矣。(《韩非子·五蠹》)

【注释】

①先：超过。

②见：同"现"，表现。

③奚：何故，为什么。遽（jù）：就。

④效仁：表示仁爱。

【翻译】

从人类性情来说，没有什么感情能超过父母疼爱子女的，然而大家都疼爱子女，家庭却未必就和睦。君主即使深爱臣民，何以见得天下就不会发生动乱呢？何况先王的爱民不会超过父母爱子女，子女未必都能尽孝，那么民众能靠仁爱就治理得好吗？再说，按照法令执行刑罚，君主为之流泪，这不过是用来表现仁爱罢了，却并非用来治理国家。流泪而不想用刑罚，这是君主的仁爱，然而不得不用刑罚，这是国家的法令。先王首先要执行法令，并不会因为同情而废去刑罚，那么不能单凭仁爱来治理国家的道理也就明白无疑了。

【解读】

韩非子从父母爱子女的感情入手，说明尽管大家都一样疼爱子女，家庭却未必就和睦，然后引申到君主治理国家不能依靠仁义，即明确地反对儒家的德治仁政，强调法令优先的治理原则，否定了仁义治国的思想。他的思想虽然能给政治带来一时的成功，但也会使政治遭受彻底失败。秦国就是最直接的例子。

十一、《吕氏春秋》

《吕氏春秋》全书共分26卷，160篇，20余万字，是在秦国相邦吕不韦主持下，集合门客编撰的一部杂家名著。是中国历史上第一部有组织按计划编写的文集，成书于秦始皇统一中国前，即秦王政八年（前239年）。此书以儒家学说为主干，以道家理论为基础，以名、法、墨、农、兵、阴阳家思想学说为素材，熔诸子百家学说为一炉，形成一套完整的国家治理学说。吕不韦想以此作为大一统后的意识形态。但执政的秦始皇却选择了法家思想，使包括道家在内的诸子百家全部受挫。

【作者简介】

吕不韦（前292—前235），姜姓，吕氏，名不韦，卫国濮阳（今河南安阳滑县）人。战国末年著名商人、政治家、思想家，官至秦国丞相。公元前251年，秦昭襄王去世，太子安国君继位，为秦孝文王，立一年而卒，储君嬴子楚继位，即秦庄襄王，前249年以吕不韦为相邦，封文信侯，食邑河南洛阳十万户，门下有食客3000人、家童万人。庄襄王卒，年幼的太子政被立为王，吕不韦为相邦，号称"仲父"，专断朝政。

吕不韦主持编纂《吕氏春秋》（又名《吕览》）。书成之日，悬于国门，声称能改动一字者赏千金，此为"一字千金"。执政时曾攻取周、赵、卫的土地，立三川、太原、东郡，对秦王政兼并六国的事业有重大贡献。后因嫪毐集团叛乱受牵连，被免除相邦职务，出居河南封地。不久，秦王政复命其举家迁蜀，吕不韦担心被诛杀，于是饮鸩自尽。

【选文】

此《诗》之所谓曰"君君子则正，以行其德；君贱人则宽，以尽其力"者也。人主其胡可以无务行德爱人乎？行德爱人则民亲其上，民亲其上则皆乐为其君死矣。（《吕氏春秋·爱士》）

【翻译】

这就是《诗经》上说的"统辖君子，要示以严正，使其能以德奉上；统辖贱民，要施以宽厚，使其肯于竭诚效力"的意思。君主难道可以不行仁德爱护人民吗？君主行仁德爱护人民，人民就能够亲近君主，人民亲近君主就会乐意为君主尽力赴死。

【解读】

这段话前面讲的故事是秦穆公丢失了战马，后来发现被"野人"（当地土著居民）吃了。他不仅不处罚或责怪食马肉的"野人"，反怕他们吃马肉不饮酒会伤身体，于是就给他们酒喝。后来秦与晋韩原之战，在穆公处境十分危急的情况下，这些"野人"拼力相救，穆公转败为胜。因为秦穆公能够"行德爱人"，宽厚待民，所以使"民亲其上"而"皆乐为其君死也"。

【选文】

谓戎夷其能必定一世①，则未之识；若夫欲利人之心，不可以

加矣。达乎分，仁爱之心识也，故能以必死见其义。（《吕氏春秋·长利》）

【注释】

①戎夷：当作"式夷"。《汉书·古今人表》有"卫视夷"，颜师古注：即式夷也。

【翻译】

要说式夷的才能肯定能让世道安定，那还尚不可知；至于他那种对别人有利的心肠，那是没有人可以超过他了。他能通晓死和生之间的区别，他的仁爱之心认识到这一点，因此他能以敢于牺牲的行动来彰显他心中的道义。

【解读】

这段话前面是一个故事：式夷与弟子露宿城外，天气很冷，他对弟子说："你把衣服给我，我就能活下去；我把衣服给你，你可以活下去。我是国家的名士，为了天下而舍不得死。你是个不贤德的人，不值得爱惜生命。你把你的衣服给我吧。"弟子说："我既然是不贤德的人，又怎么会给国家的名士衣服呢？"式夷叹息道："唉！我向往的道义看来不能承继了啊！"于是，他就脱下衣服给了弟子，到半夜便冻死了。他的弟子则保住了性命。式夷是一个名副其实的国家的名士，面对生死的抉择，他以仁爱之心，以自我牺牲的行为，告诉弟子和世人人间自有道义在。

【选文】

君子之自行也①，敬人而不必见敬，爱人而不必见爱。敬爱人

者，己也；见敬爱者，人也。君子必在己者，不必在人者也。必在己，无不遇矣。（《吕氏春秋·必己》）

【注释】

①自行：自己实行，自己处理。

【翻译】

有道德的君子在自己行事过程中，尊敬他人而不一定也要别人尊敬自己，关爱他人而不一定要别人关爱自己。尊敬和关爱他人，是自己应该做的；被别人尊敬和关爱，是别人的事。君子在意的是自己是否敬爱他人，不一定非要求他人敬爱自己。一定在意自己是否敬爱他人，才能得到他人的敬爱。

【解读】

这段话告诉我们君子的行事准则，强调君子一定要严格要求自己，自己首先做到敬爱人，而不必在意别人的回报。这符合儒家"行有不得，反求诸己"的精神。

十二、《孔子家语》

《孔子家语》又名《孔氏家语》，或简称《家语》，是一部记录孔子及孔门弟子思想言行的著作。该书详细记录了孔子与其弟子门生的问对诘答和言谈行事，塑造了孔子的人格形象，展现了孔子的人品和思想，对研究儒家学派的哲学、政治、伦理和教育思想等有学术价值。同时，书中内容杂采自《左传》《国语》《论语》《孟子》《荀子》《礼记》《说苑》等古籍，保存了不少古书中的资料，这对考证上古遗文，校勘先秦典籍，有着重要的文献价值。如果说《论语》是孔子语录，《孔子家语》则相当于孔子文集。

【作者简介】

王肃（195—256），字子雍。东海郡郯县（今山东郯城西南）人，三国时曹魏著名经学家，为王朗之子、司马昭岳父。早年任散骑黄门侍郎，世袭父亲兰陵侯爵位，任散骑常侍，又兼秘书监及崇文观祭酒，屡次对时政提出建议。后历任广平太守、侍中、河南尹等职，曹芳被废，他以持节兼太常迎接曹髦继位，又帮助司马师平定毋丘俭之乱，再迁中领军，加散骑常侍。甘露元年（256），王肃去世，享年62岁。王肃曾遍注儒家经典，是继郑玄之后著名的经学大师。

【选文】

不孝者生于不仁，不仁者生于丧祭之无礼也。明丧祭之礼，所以教仁爱也。能教仁爱，则服丧思慕①，祭祀不解，人子馈养之道②。丧祭之礼明，则民孝矣。（《孔子家语·五刑解》）

【注释】

①思慕：思念爱慕。

②不解：不怠慢。馈养：进食奉养。

【翻译】

不孝的行为产生于不仁，不仁又产生于没有丧祭之礼。明确规定丧祭之礼，是为了教人们懂得仁爱。能教人们懂得仁爱，为父母服丧就会思念爱慕他们，感谢父母的养育之恩，举行祭祀之礼时毫不懈怠，如同双亲在世时对他们尽进食奉养之责一样。丧祭之礼明确了，民众就学会恪守孝道了。

【解读】

这里讲明了"仁爱""孝道"和"丧祭之礼"的关系。"仁爱"是人之为人的根本，不仁就会产生不孝，而不仁又是因为没有丧祭之礼。"仁爱"教育不能教条式地灌输，而要在丧祭之礼当中培养。因此，丧祭之礼仪就是在生活化的礼仪形式当中让人们体验内在的情感，教导人们懂得仁爱，恪守孝道。

【选文】

明君必宽裕以容其民，慈爱优柔之，而民自得矣。（《孔子家语·入官》）

【翻译】

贤明的君主必定要以宽松宏远的心态容纳自己的老百姓，以慈爱宽和的态度对待他们，从而使老百姓自得其乐。

【解读】

这是借孔子之口对为政者说的一番话，主要是说君主对老百姓要宽容慈爱，让他们能够自得其乐，这是对儒家德治仁政思想的发挥。

十三、《孝经》

　　《孝经》是中国古代儒家最重要的经典之一，以孔子与其门人曾参谈话的形式，以孝为中心议题，对孝的含义、作用等问题加以阐述，比较集中地阐发了儒家孝道思想。全书共分18章，将社会分为五个层级，根据人的地位与职业，标示出其实践孝道的法则与途径，肯定"孝"是上天所定的规范。《孝经》还首次将"孝"与"忠"联系起来，认为"忠"是"孝"的发展和扩大，并把"孝"的社会作用推而广之，认为"孝悌之至"就能够"通于神明，光于四海，无所不通"。

【作者简介】

　　《孝经》传说是孔子自作，但当代大多数学者都将《孝经》视为曾子学派的作品。曾子（前505—前435）姓曾，名参，字子舆，春秋末年鲁国南武城（今山东嘉祥）人。他16岁拜孔子为师，勤奋好学，颇得孔子真传。曾子性情沉静，举止稳重，为人谨慎，待人谦恭，以孝著称。曾子是孔子学说的主要继承人和传播者，被后世尊奉为"宗圣"，是配享孔庙的四配之一。

【选文】

　　爱亲者，不敢恶于人①；敬亲者，不敢慢于人②。爱敬尽于事亲，而德教加于百姓，刑于四海③。盖天子之孝也④。（《孝经·天

子章》)

【注释】

①恶（wù）：厌恶，憎恨。

②慢：轻侮，怠慢。

③刑：通"型"，法则，典范。四海：四夷。《尔雅》："九夷、八狄、七戎、六蛮谓之四海。"泛指四边的少数民族。

④盖：《公羊传·宣元年正义》："盖，犹是也。"《广雅·释诂》："是，此也。"

【翻译】

天子热爱自己的父母，就丝毫不敢厌恶别人的父母；敬重自己的父母，就丝毫不敢轻慢别人的父母。天子竭力爱敬侍奉自己的父母，再以道德教化施展于华夏百姓之中，并以此作为四方各族效法的榜样。这就是天子孝道的要求吧！

【解读】

这是《孝经》引述孔子的话，对天子提出了很高的要求。意思是天子是天下最为尊贵的人，天子的行为是诸侯、卿大夫和士庶效法的楷模，在社会上影响很大。天子应该成为孝的最高实践者，是孝德的化身和孝行的表率。天子还是孝道伦理的传播者，他不仅要以身作则，爱亲敬亲，还要由爱亲、敬亲而善待人民，以孝治天下。

【选文】

不爱其亲而爱他人者，谓之悖德①；不敬其亲而敬他人者，谓之

悖礼②。（《孝经·圣治章》）

【注释】

①悖：违背。悖德：违背道德。

②悖礼：违背礼仪。

【翻译】

作为人子的不爱自己的父母，而去爱他人的父母，这就叫作违背道德；作为人子的不尊敬自己的父母，而去尊敬他人的父母，这就叫作违背礼仪。

【解读】

儒家讲孝道是由内而外、由近及远层层扩展的。热爱和尊敬自己的父母是首要的，如果不爱自己的父母却爱别人的父母，不敬自己的父母却敬别人的父母，就是违背道德和礼仪的行为，这样做就会形成伪善人格，乃至造成人伦道德和社会秩序的混乱。

【选文】

先王见教之可以化民也，是故先之以博爱①，而民莫遗其亲；陈之德义，而民兴行；先之以敬让，而民不争；导之以礼乐，而民和睦；示之以好恶，而民知禁。（《孝经·三才章》）

【注释】

①博爱：即泛爱众。

【翻译】

先代圣王，见教化可以辅助政治，化民成俗，所以率先带头广泛地实行仁爱，从而影响民众先爱其亲，没有人遗弃自己的亲人；

他们宣扬道德仁义，以教化民众，民众就会起来身体力行；对人对事，先实行敬谨和谦让，民众就会效法而不会发生争端；以礼乐引导民众，民众就相亲相敬，和睦相处；晓示民众应该喜好什么事情、憎恶什么事情，民众就知道哪些事情不可以做，不敢违犯法纪。

【解读】

这段意在说明如果有王者率先倡导孝道，以身作则，就会有前面说的"其教不肃而成，其政不严而治"的妙用。古人云，"百善孝为先"，孝是诸德的基础，是道德规范的核心，许多善行都是以"孝行"为基础衍生出来的。人们有了孝德，家庭和睦，人际关系和谐，社会环境优良，有利于社会秩序的确立，社会政治的稳定。

十四、《礼记》

《礼记》，又名《小戴礼记》，是中国古代一部重要的典章制度书籍。该书的编定者是西汉礼学家戴圣。戴圣的叔父戴德选编的85篇叫《大戴礼记》，在后来的流传过程中有遗失，到唐代只剩下了39篇。戴圣选编的49篇本叫《小戴礼记》，即我们今天见到的《礼记》。这两部书各有侧重和取舍，各有特色。东汉末年，著名学者郑玄为《小戴礼记》作了出色的注解，后来这个版本便盛行不衰，并由解说经文的著作逐渐成为经典，到唐代被列为"九经"之一，到宋代被列入"十三经"之中，为士者必读之书。

【作者简介】

戴圣（生卒年不详），字次君，西汉官员、学者、汉代今文经学的开创者，祖籍梁国甾县（今属河南商丘）。平生以学习儒家经典为主，尤重礼学研究，逐步形成自己的学说体系，成为今文礼学"小戴学"的开创者。

【选文】

仁以爱之，义以正之。如此，则民治行矣①。（《礼记·乐记》）

【翻译】

用仁心去爱护人民，用道义去规范人民。这样，民众就会顺从大道，正行人道。

【解读】

汉初的思想家和为政者出于对秦王朝二世而亡历史教训的反思，普遍认为秦王朝的短命是由于不行仁义，于是重视以仁义核心价值观为基础的治国理民之道。这一句告诫为政者要有仁心，行仁政，要守道义，正百姓，二者结合起来就能够使民众顺从大道，正行人道，此乃治国理民之道。

【选文】

公曰："敢问为政如之何？"孔子对曰："夫妇别，父子亲，君臣严。三者正，则庶物从之矣。"公曰："寡人虽无似也①，愿闻所以行三言之道，可得闻乎？"孔子对曰："古之为政，爱人为

大。所以治爱人，礼为大。所以治礼，敬为大……弗爱不亲，弗敬
不正。爱与敬，其政之本与！"（《礼记·哀公问》）

【注释】

①无似：谦辞，指不肖。

【翻译】

鲁哀公说："请教先生，怎样处理国家的政务？"孔子回答
道："夫妇有别，父子相亲，君臣相敬，这三件事做好了，其他
的事情也就跟随着做好了。"鲁哀公说："寡人虽然不肖，却很愿
意听一听做好这三件事的办法。您可以讲给我听听吗？"孔子回答
道："古代人行政时，把仁爱人民看得最重要。所用以仁爱人民
的，行礼最重要。所用以行礼的，敬意最重要……不爱就不亲，不
敬就不可能行正道。爱和敬，大概是为政的根本啊！"

【解读】

《礼记·哀公问》记载鲁哀公问孔子怎样处理政事，孔子提到
了"夫妇别，父子亲，君臣严"三件事，而做好这三件事的办法就
是遵循"古之为政，爱人为大"的原则，把"爱人"放在为政之首
位。这种仁爱是通过礼仪来进行的，而礼仪的基本精神就是敬。爱
人是为了情感亲近，敬意则是让人们走上正道。所以，爱和敬就可
以说是为政的根本。显然，比较起来，在爱和敬当中，爱是根本的
根本。

【选文】

子言之："仁有数①，义有长短小大。中心憯怛②，爱人之仁

也；率法而强之③，资仁者也④。《诗》云：'丰水有芑，武王岂不仕？诒厥孙谋⑤，以燕翼子⑥，武王烝哉⑦！'数世之仁也。《国风》曰：'我今不阅⑧，皇恤我后？'终身之仁也。"（《礼记·表记》）

【注释】

①有数：不止一端，不止一个。

②憯怛（cǎn dá）：忧伤，悲痛，伤痛。

③率：循。

④资：取。

⑤诒厥孙谋：替子孙计谋。

⑥燕翼：安翼。

⑦烝：完美。

⑧阅：容许。

【翻译】

孔子说："仁有数度之分，义也有多少、长短、大小之别。对别人的不幸有恻隐之心，这是天性同情他人的仁。遵循法律而勉强实行仁义，这是取仁义的少、短、小，是把仁义作为手段去利用。《诗经》上说：'丰水岸边芑青青，武王岂不以功业为事？留下了安邦治国好谋略，庇护子孙享国久长。武王真伟大啊！'这是惠及后世几代的仁。《国风》上说：'我现在自身还难保，哪里有工夫为后代着想呢？'这是终竟自己一生的仁。"

【解读】

这里借用孔子的话将仁、义并举，先说明仁、义含义的复杂性，有多少、长短、大小的分别，所以怎么行仁义很关键。

【选文】

唯仁人放流之①，进诸四夷②，不与同中国③。此谓唯仁人为能爱人，能恶人。（《礼记·大学》）

【注释】

①放流：流放。

②进：即"屏"，驱逐。四夷：四方之地，古时把东夷、西戎、南蛮、北狄称为四夷。

③中国：指中原华夏所居之地，与现代的"中国"意义不同。

【翻译】

只有仁人能够流放奸佞之人，把他们驱逐到四夷之地去，不和他们同住在中原华夏之地。这就是说，只有仁人才懂得热爱什么样的人，厌恶什么样的人。

【解读】

真正有仁德的人是非清楚，爱憎分明，集中体现在举用贤人和摒弃奸佞两方面。君子在位，没有见贤而不举用的，举用必因其器而重用之。贤者好比君主的四肢，也是国家的栋梁，君子求之、爱之、尊之。君子辨恶而不善者，不为巧言而有所迷惑，不因其善辩而有所动。奸佞之人就像君主身上的疮毒，也是国家的大患，君子去之、远之或诛之，不使其以莠害良。

【选文】

君子之爱人也以德①，细人之爱人也以姑息②。（《礼记·檀弓上》）

【注释】

①爱人：爱护别人。德：德行。

②细人：小人。姑息：无原则地苟且取安。

【翻译】

君子以道德为标准来爱护人，小人用无原则的苟且取安来爱护人。

【解读】

人们应该有爱心，应该懂得爱护别人，但是什么是真正的爱护？这里区分的是君子和小人对待爱的本质性差异，君子以道德为标准来爱护人，是真正的爱人；小人用无原则的苟且取安来爱护人，实际上是自私自利的。

十五、《大戴礼记》

《大戴礼记》，亦名《大戴礼》《大戴记》。前人多谓其书成于戴德（世称大戴）之手。现代学者经过深入研究，推翻传统之说，论定成书时间应在东汉中期，很可能是当时大戴后学为传习《士礼》（即今《仪礼》前身）而编定的参考资料汇集。该书原有85篇，其中46篇至迟在唐代已亡佚，今仅存39篇，其中多数篇章记述从战国到汉代儒家学派的言论，是研究中国早期儒学的基本资料。

【作者简介】

戴德，字延君，西汉梁国（今河南商丘）人，生卒年月难考。西汉末年经学家、儒家学者，曾与戴圣同学《礼》，时人称"大戴"，代表作《大戴礼记》。今文礼学"大戴学"的开创者。

【选文】

所谓天下之至仁者，能合天下之至亲者也①；所谓天下之至知者②，能用天下之至和者也③；所谓天下之至明者，能选天下之至良者也。此三者咸通④，然后可以征⑤。是故仁者莫大于爱人，知者莫大于知贤，政者莫大于官贤⑥。有土之君修此三者，则四海之内拱而俟⑦，然后可以征。（《大戴礼记·主言》）

【注释】

①合：聚合。亲：亲爱。

②知：通"智"。

③和：平和。

④通：通达。

⑤征：征伐。

⑥官贤：以贤者为官。

⑦四海：我国古时所指东海、西海、南海和北海，泛指海内之地，也泛指全国各地。拱：拱手而待，比喻期盼。俟（sì）：等待。

【翻译】

所谓天下最仁爱的人，是能聚合天下成为最亲爱团体的人。所谓天下最智慧的人，是能够使天下的纷争变得最和谐的人。所谓天下最明察的人，是能选拔天下最贤能之人的人。这三件事情做通达了，然后就可以从事征伐了。所谓仁者的作为，没有比仁爱他人再大的了；智者的作为，没有比知晓贤能再大的了；为政者的作为，没有比任贤为官再大的了。有国土的王侯把这三件事情做好，那么四海之内的人民就会拱手期待着他的领导，然后就可以从事征伐了。

【解读】

这是借孔子之口告诉帝王或者准备成为帝王的人，如果能够以仁爱凝聚天下的百姓，以智慧使天下的纷争变为和谐，以明察选拔出天下贤良的人为官，这样国家内部齐心协力，才能对外征战取胜。

十六、《新书》

《新书》是贾谊的论文集，为西汉后期刘向整理编辑而成，最初称《贾子新书》，《汉书·艺文志》列入儒家，今存10卷58篇，其中《问孝》《礼容语上》两篇有目无文，实为56篇。《新书》集中反映了贾谊的哲学、政治、经济等方面的思想。开篇即为著名的《过秦论》，总结了秦朝灭亡的历史教训，提出了一系列政治主张；《宗首》《藩强》《权重》等阐述了加强中央集权的思想；《大政》《修政》等提出了利民安民的民本思想；《道德说》《六术》《道术》反映了其道德仁义思想。

【作者简介】

贾谊（前200—前168），洛阳（今河南洛阳东北）人，西汉初年著名政论家、文学家，世称贾生。贾谊少有才名，十八岁即能颂《诗》《书》，通百家言，善属文。文帝时任博士，迁太中大夫，但因受大臣周勃、灌婴、张相如等人排挤，旋即被贬为长沙王太傅，故后世亦称贾长沙、贾太傅。三年后被召回长安，为梁怀王太傅。梁怀王坠马而死，贾谊深自歉疚，抑郁而亡，年仅33岁。

【选文】

心兼爱人谓之仁，反仁为戾。（《新书·道术》）

【翻译】

人心如果能够在爱自己亲人的同时兼顾到爱别人，就可以称为"仁"；反之，如果违反这样的"仁"，就会走向暴戾。

【解读】

这是汉初儒者贾谊继承先秦的儒家对"仁"的一个界定，同时也提出了违反"仁"的结果，会形成人与人之间的粗暴残忍。

【选文】

德莫高于博爱人，而政莫高于博利人，故政莫大于信，治莫大于仁，吾慎此而已矣。（《新书·修政语上》）

【翻译】

为政者最高的道德境界就是能够广泛地爱护老百姓，而行政的最高境界就是更多地给老百姓带来实际利益。所以，行政工作最重要的就是诚信，治理社会最重要的就是推行仁政，我对这些方面是非常慎重的。

【解读】

贾谊借帝喾之口说了这段话，试图阐明帝王之德行在于博爱人民，博利人民，为政之道以诚信为最高追求，民无信不立；为治之道以仁政为最高追求，实现天下归仁。

【选文】

天子爱天下，诸侯爱境内，大夫爱官属，士庶各爱其家。失爱不仁，过爱不义。（《新书·礼》）

【翻译】

天子爱普天之下的百姓，诸侯爱自己国境以内的百姓，大夫爱官职所辖的下属，士人、庶人各爱他们的家庭、家族。应爱而不爱就是不仁，过分溺爱就是不义。

【解读】

这段话的主旨是阐明爱有差等，即不同社会等级的人关爱的对象有层级差异。所谓"失爱不仁"，表明贾谊和孔子一样，视"爱人"为仁的基本含义，但"过爱不义"，这表明他在仁爱问题上能够很好地把握中庸之道。

十七、《韩诗外传》

　　《韩诗外传》是一部由360则逸事、道德说教、伦理规范以及实际忠告等不同内容组成的杂编。该书的特点是大部分篇幅先叙述一个故事，或讲述一番道理，然后引用《诗经》作结，或引用《诗经》后略加阐发，以支持政事或论辩中的观点。就其书与《诗经》联系的程度而论，它对《诗经》既不是注释，也不是阐发，是实际运用《诗经》的示范性著作。《韩诗外传》引用了大量先秦儒家及诸子、历史著述，对其他文献能够杂而采之、兼而用之，阐释原著之宗旨，申述一己之思想，特别是通过材料的选用和组织编排来表达自己的思想见解。

【作者简介】

　　韩婴，燕（今北京市）人，生卒年月难以详考，是西汉前期儒家学者、经学家，西汉今文诗学"韩诗学"的开创者。《汉书·儒林传》说他"推诗人之意，而作内、外《传》数万言，其语颇与齐、鲁间殊，然归一也"。"燕、赵间言《诗》者由韩生"，成为西汉今文《诗》学中与"齐学""鲁学"鼎足而立的"韩学"。他讲学授徒，汉文帝时拜为博士，汉景帝时为常山王刘舜的太傅，武帝时曾与董仲舒有过交谈与辩论。主要治《诗》，兼治《易》。

【选文】

夫贤君之治也：温良而和，宽容而爱，刑清而省，喜赏而恶罚。（《韩诗外传》卷八）

【翻译】

贤明的君主治理国家，温良而和顺，宽容而仁爱，刑罚清明而减免，喜欢赏赐而厌恶处罚。

【解读】

这是作者从性格、德行以及治理手段上对贤能君主治理国家提出的要求，但这种把希望寄托在君主个人素养和道德上的想法很难实现，显示了儒家政治思想的善良愿望。

【选文】

聪者耳闻，明者目见。聪明则仁爱著而廉耻分矣。（《韩诗外传》卷一）

【翻译】

聪是耳闻声音，明是眼见事物。聪明的人彰显仁爱，同时分辨廉耻。

【解读】

古圣先贤是聪明人，所以能够视听灵敏，明察事理，通过仁爱之行彰显仁爱之心，同时对什么是廉耻也能够辨别清楚，做到廉洁知耻。

【选文】

爱由情出，谓之仁；节爱理宜，谓之义；致爱恭谨，谓之礼。
（《韩诗外传》卷四）

【翻译】

对人之爱产生于情感，称为仁；节制对人之爱，理性又恰当，称为义；给予人之爱恭敬又谨慎，称为礼。

【解读】

这一句话指出"仁"实际上是一种对人之爱的情感，但这种情感需要有所节制，从而符合理性，又恰当合宜，就是"义"，同时在给予别人这种爱的时候能够心存恭敬，行为谨慎，就是"礼"。这说明"爱"这种情感是仁、义、礼等道德规范的基础，在具体实践中，三者要以一定的逻辑加以协调，其实涉及道德情感和道德理性的平衡问题。

十八、《春秋繁露》

《春秋繁露》是汉代哲学家董仲舒的政治哲学著作，现存17卷，82篇。《春秋繁露》是后人辑录董仲舒遗文而成书，书名为辑录者所加，隋唐以后才有此书名出现。该书推崇公羊学，发挥"春秋大一统"之旨，阐述了以阴阳、五行为骨架，以天人感应为核心的哲学神学理论，宣扬"性三品"的人性论、"王道之三纲可求于天"的伦理思想及赤黑白三统循环的历史观，为汉代中央集权的封建统治制度奠定了理论基础。

【作者简介】

董仲舒（前179—前104），广川郡（今河北枣强）人，汉代哲学家、经学家、思想家。早年专心研究《春秋》公羊学，在汉景帝时代为经学博士，并教授很多弟子。他专心研究时，曾三年不去看自己的园圃。他的学生很多，都是由几个先来的学生从董仲舒那里学习后，再去教其他学生。有的学生在董仲舒那里学习了几年，还没有见过董仲舒的面。汉武帝时代，他参加对策，连续三次得到汉武帝的赏识，被任命为江都相。这三次对策的策文主要讲了天人感应的问题，后人称为"天人三策"。班固《汉书·董仲舒传》收入董仲舒的《天人三策》，集中反映了董仲舒的政治哲学思想。这些学术成果是研究董仲舒思想的可靠资料。

【选文】

《春秋》为仁义法。仁之法在爱人，不在爱我；义之法在正我，不在正人。我不自正，虽能正人，弗予为义。人不被其爱，虽厚自爱，不予为仁。昔者，晋灵公杀膳宰以淑饮食①，弹大夫以娱其意，非不厚自爱也，然而不得为淑人者，不爱人也。质于爱民②，以下至于鸟兽昆虫莫不爱。不爱，奚足谓仁？仁者，爱人之名也。

（《春秋繁露·仁义法》）

【注释】

①淑：善也。

②质：实。

【翻译】

《春秋》提出了仁义之法。仁之法在于爱护别人，不在爱护自己；义之法在于端正自我，而不在于端正别人。自己都不端正，即使能端正别人，也不是义的所为。人没有得到别人的关爱，尽管自己厚爱自己，也不是仁者的所为。从前，晋灵公杀害厨师为的是他的美味，用弹丸弹射大夫是为了追求快乐，这并非不厚爱自己，但是他不能成为善人的原因，正在于他不爱护他人。仁人能够实实在在地爱护民众，向下以至于鸟兽虫鱼没有不爱的。不爱，怎能称其为仁人呢？仁，就是爱人的别称。

【解读】

仁义是调整人们之间关系特别是个人与他人关系的行为规范和基本准则。董仲舒发挥《春秋》的仁义之法，提出"仁之法在爱人，不在爱我；义之法在正我，不在正人"，这就是说，"仁"是对他人的，在于"爱人"；"义"是对我的，在于"正我"。一个人先要正我，才能正人；一个人先要爱人，才可以爱我。这就是儒家反求诸己，躬自厚而以待人的意思。董仲舒进一步将孔子的"仁者爱人"引申到人们对鸟兽虫鱼的爱护，把仁爱的道德范畴从人扩展到动物界，是宋儒"仁者以天地万物为一体"的先声。

【选文】

泛爱群生，不以喜怒赏罚，所以为仁也。（《春秋繁露·离合根》）

【翻译】

广泛地爱护一切生物，不会以自己的喜好加以奖赏和惩罚，这样才能表现出仁爱来。

【解读】

董仲舒在这里发挥孔子"泛爱众"的思想，扩展到"泛爱群生"。这种具有博爱性质的"爱物"思想，也是基于人类自身需要的，是要人们爱惜自己周围的一切，爱护自己赖以生存的自然环境，而归根结底是使人生活得更幸福，在这个意义上，"爱物"其实就是爱人类自己。这里的"不以喜怒赏罚"是指不能以自己的喜好"喜就赏""怒就罚"，而应顺应物性自然，以体现人对自然的仁爱之心。

【选文】

何谓仁？仁者，憯怛爱人，谨翕不争①，好恶敦伦②，无伤恶之心，无隐忌之志，无嫉妒之气，无感愁之欲，无险诐之事③，无辟违之行④，故其心舒，其志平，其气和，其欲节，其事易，其行道，故能平易和理而无争也，如此者，谓之仁。（《春秋繁露·必仁且智》）

【注释】

①谨翕（xī）：敬慎和顺。

②敦伦：敦睦人伦。

③险诐（bì）：阴险邪僻。

④辟违：邪僻背理。

【翻译】

什么是仁呢？仁指的是因为对别人的痛苦感同身受而爱怜他人，恭敬和顺而不与相争，好恶分明，敦睦人伦，没有伤害他人之心，没有隐瞒禁忌之意，没有嫉贤妒能的心气，没有多愁善感的情欲，没有阴险邪恶的事情，没有邪僻背理的行为。因此，他的心情舒坦，他的志向平正，他的气息和顺，他的欲望能够节制，他做事简明快捷，行为符合道义，所以他性情平易，温和有理，与世无争，能做到这些，就可以说是"仁"了。

【解读】

这段话对"仁"作了新的解释，说明"仁"是与人的心理情感相连的。无论憯怛、谨翕、心舒，还是志平、气和、欲节，所关注的都是人的感性心理活动。无论平易和理而无争、好恶敦伦、无伤恶之心、无隐忌之志，还是无嫉妒之气、无感愁之欲、无险诐之事、无辟违之行，所要求的都与人的性情密切相关。调节这些感性心理活动与情感活动对于"仁"是相当重要的，这些都是董仲舒对孔孟思想的继承和发展，特别是以"不争"释"仁"，揭示了"仁"作为调和人际矛盾、和谐人际关系的思想实质。

【选文】

爱人之大者，莫大于思患而豫防之①，故蔡得意于吴，鲁得意于齐，而《春秋》皆不告。故次以言：怨人不可迩，敌国不可狎②，攘窃之国不可使久亲③，皆防患、为民除患之意也。不爱民之渐，乃至于死亡，故言楚灵王、晋厉公生弑于位，不仁之所致也。（《春秋

繁露·俞序》）

【注释】

①豫防：预防。

②敌国：力量对等的国家。狎：轻侮。

③攘窃：盗窃，抢夺。

【翻译】

对人最大的爱，莫大于有忧患意识而且及早预防了。因此，蔡国得意于吴国，鲁国得意于齐国，而《春秋》都不记载。所以再接着讲：对你有怨恨的人不可接近，与你敌对的国家不可轻侮，强盗式的国家不可长期与之亲近，这都是为了防患于未然，为老百姓消除祸患。如果君主这种不爱护老百姓的行为逐渐发展下去，到最后会导致死亡，所以《春秋》记载楚灵王、晋厉公被杀于王位上，就是告诫君主不仁所导致的结果。

【解读】

在董仲舒看来，《春秋》一书的根本宗旨，就在于要人们领会如何施行仁政。一个人或一个集团能否成王称霸，完全取决于仁政实行的效果。施行仁爱之政的最有益的方法就在于：采取积极的措施，预测并杜绝那些容易导致百姓失范、社会无序的隐患发生。爱民即仁人，不爱民则必将置自身于死地，春秋历史上的楚灵王、晋厉公都被杀于王位之上，直接的原因都来自他们所施行的不仁之政。

【选文】

天地之数，不能独以寒暑成岁，必有春夏秋冬；圣人之道，不能独以威势成政，必有教化。故曰：先之以博爱，教以仁也；难得者，君子不贵，教以义也；虽天子必有尊也，教以孝也；必有先也，教以弟也。此威势之不足独恃，而教化之功不大乎！（《春秋繁露·为人者天》）

【翻译】

天地之道变化的规律，不能只由冬天和夏天构成一年，一定得由春夏秋冬四季才构成一年；圣人治国平天下之道，不能只以权威和强势行政，一定得配有教化。所以说：应该先对老百姓博施其爱，这教给他们什么是仁爱；对于难得之货，君子不以为珍贵，这教给他们什么是道义；即使是天子也一定有父母，应该通过自己的孝敬行为，教给老百姓如何尽孝道；天子也一定有其兄长，应该通过自己的敬长行为，教给老百姓如何尽悌道。这些做法就会显示权威和强势不足以特别依恃，而教化的功劳则是很大的啊！

【解读】

董仲舒在这里以天人合一的思路强调教化对于为政者的重要性，不能仅仅依赖权威和强势，一定得有教化。教化的具体内容是仁、义、孝、悌，而其中仁就是"博爱"。"博爱之谓仁"虽然是韩愈在唐代明确提出来的，但实际上在西汉董仲舒就有了类似的观点。

十九、《淮南子》

《淮南子》又名《淮南鸿烈》《刘安子》，是西汉淮南王刘安及其门客集体编写的一部著作，据《汉书·淮南厉王刘长传》，刘安及其门客"作《内篇》二十一篇，《外书》甚众，又为《中篇》八卷，言神仙，亦二十余万言"，然而这部涉及范围十分广泛的思想巨著，留传下来的只有《内书》21篇，也就是现在我们看到的《淮南子》。该书在继承先秦道家思想的基础上，糅合了阴阳、墨、法和一部分儒家思想。《汉书·艺文志》将之列为杂家类，实际上该书是以道家思想为指导，综合了先秦以来黄老之学的思想成果，吸收诸子百家学说而成，是战国至西汉初黄老之学理论体系的代表作。

【作者简介】

刘安（前179—前122），汉高祖刘邦之孙，淮南王刘长之子。孝文帝八年（前172）封为阜陵侯。孝文帝十六年（前164）封为淮南王。他才思敏捷，好读书，善文辞，乐于鼓琴，是西汉知名的思想家、文学家，奉汉武帝之命所著《离骚体》是中国最早对屈原及其《离骚》作高度评价的著作。刘安不喜弋猎狗马驰骋，潜心治国安邦，著书立说，爱贤若渴，礼贤下士，当时淮南国都寿春成为文人荟萃的文化中心。后因谋反被汉武帝判罪，畏罪自杀，淮南国被废除。

【选文】

遍知万物而不知人道^①，不可谓智；遍爱群生而不爱人类，不可谓仁。仁者爱其类也，智者不可惑也。仁者虽在断割之中^②，其所不忍之色可见也^③。智者虽烦难之事^④，其不闇之效可见也^⑤。内恕反情^⑥，心之所欲，其不加诸人，由近知远，由己知人，此仁智之所合而行也。小有教而大有存也，小有诛而大有宁也，唯恻隐推而行之，此智者之所独断也。故仁智错，有时合，合者为正，错者为权，其义一也。（《淮南子·主术训》）

【注释】

①遍：全面，到处。

②虽：纵然，即使。断割：裁决。

③不忍：不忍心。

④烦难：复杂困难，不容易。

⑤闇（àn）：愚昧，糊涂。

⑥内恕：谓存心宽厚。

【翻译】

能够了解世间的万事万物却不知道为人处世之道，这样的人不可以被认为是有智慧的人；热爱世间的一切生命却不热爱人类自己的生命，这样的人不可以说他是有仁爱之心的人。所谓的仁爱，就是要爱护自己的同类；所谓的智慧，就是不可被迷惑。有仁心的人，即使在判决罪人时，他的不忍心还是会表现在脸上。有智慧的人，即使遇到复杂困难的事情，他毫不愚昧的处理效果也可以显现出来。心存宽厚，返回本性，自己内心所想要的，也不会强加在别人的身上；观察近处事物就可以推想远处事物，通过自己来知晓别人，这就是一个集仁爱和智慧于一身的人的行为。对一个人小毛病的关注和教化有助于其本心的保存，对一个人小错误的责罚有助于其本心安宁平和。只是出于爱护同情之心，来推行到其他事物中去，这才是智者所独自决断的做法。所以仁和智有时是错开有矛盾的，有时又是结合相一致的。仁和智结合，就是正道做法。仁和智错开不相合，就是权术。这两者的道理是一样的，都是出于知人、爱人。

【解读】

这是对儒家仁智并建思想的发挥和发展，其"仁者爱其类"是对仁者爱人在"人道""人类"概念的意义上的使用和表达，在中国文化史上有重要价值。其"心之所欲，其不加诸人"，就是"己所欲，勿施于人"，是对孔子"己所不欲，勿施于人"的发展，比"己所不欲，勿施于人"更为重要，也是更高形态的道德规则。

【选文】

所谓仁者，爱人也；所谓知者，知人也。爱人则无虐刑矣，知人则无乱政矣。治由文理①，则无悖谬之事矣②；刑不侵滥，则无暴虐之行矣。（《淮南子·泰族训》）

【注释】

①文理：礼仪。

②悖谬：荒谬，不合常理。

【翻译】

所谓的仁，就是爱人；所谓的智，就是知人。爱人就不会有暴虐的刑法了，知人就没有混乱的政局了。治理国家用礼仪，就没有背理谬误的事情了；刑罚使用不枉滥，就没有残暴酷虐的行为了。

【解读】

这段话说仁者爱人，智者知人，几乎就是孔子思想的翻版。引申到政治上，强调君主应该有爱人的思想，以礼仪治国，可以视为对孔孟"德政""仁政""礼治"思想的发挥，反映了西汉儒道进一步融合，走向儒道互补。

二十、《盐铁论》

《盐铁论》是西汉桓宽根据著名的盐铁会议记录整理而成的重要史书，书中记述了当时对汉武帝时期的政治、经济、军事、外交、文化的一场大辩论。论辩双方各执一端，所言"或上仁义，或务权利"（《杂论》），实际上是对汉武帝时期推行的各项政策进行总的评价和估计，涉及重农、轻商、反兼并、分配、土地制度、对外贸易、货币、消费、财政等方面。桓宽的思想倾向与贤良文学人士相同，所以书中继承孔孟的经济思想，以儒家义利观为基础，反映了儒家讲道德不言利、重本抑末等主张，抨击桑弘羊代表的经济政策与思想。《盐铁论》是体现儒家经济思想的重要著作。

【作者简介】

桓宽，字次公。汝南（今河南上蔡）人，生卒年不详。少治《公羊传》，博通能文。宣帝时举为郎，后任庐江太守丞。其知识广博，善为文。汉昭帝于始元六年（前81）下诏将各郡国推举的贤良文学人士集于京城，向他们征询国家治理的意见。会上贤良文学们请求废除盐、铁和酒的官府专营，并取消均输官。这次会议以桑弘羊为代表的政府一方与以贤良文学为代表的民间一方，辩论得非常激烈。桓宽遂推衍其事，增广条目，成《盐铁论》60卷。

【选文】

故德教废而诈伪行，礼义坏而奸邪兴，言无仁义也。仁者，爱之效也①；义者，事之宜也。故君子爱仁以及物②，治近以及远。《传》曰："凡生之物，莫贵于人③；人主之所贵，莫重于人。"故天之生万物，以奉人也；主爱人，以顺天也。闻以六畜禽兽养人，未闻以所养害人者也④。（《盐铁论·刑德》）

【注释】

①效：显示，呈现。

②仁：古通"人"。

③《后汉书·光武纪》："建武十一年诏曰：'天地之性人为贵。'"语本《孝经·圣治章》。

④《孟子·梁惠王下》："吾闻之也：君子不以其所养人者害人。"

【翻译】

所以道德教化被废弃了，欺诈虚伪就会风行；礼义被破坏了，奸猾邪恶就会盛行。这是说因为没有了仁义啊！仁，是爱的体现；

义，是处事的标准。因此，君子总是从爱人推及爱物，从治理近处推广到远处。《春秋》上说："所有生物中没有比人更宝贵的，所以帝王所珍视的莫过于人了。"天生万物是为了养活人，帝王爱人是顺从天意的。我们只听说用各种家禽、家畜供人役使和食用，从来没听说过饲养家禽、家畜是用来伤害人的。

【解读】

仁义是道德教化和礼义的内在依据，仁是爱的体现，义是处事的标准。文中还进一步论证了以人为本的思想，天地生养人与万物，人为万物之一而最为珍贵，这是儒家一贯的观点。这一观点推展到政治上就要求为政者顺从天意，仁民爱民，再推及爱万物。

【选文】

王者博爱远施，外内合同，四海各以其职来祭①，何击拓而待？②（《盐铁论·险固》）

【注释】

①四海各以其职来祭：指全国各地诸侯恪尽职守，前来协助君主的祭祀活动。

②拓（tuò）：通"柝"，古代打更用的梆子。

【翻译】

君主要仁爱广博，恩施传远，怀柔边远民众就使内外协同一致，四方各国都会按照他们的职位高低前来参加朝廷的各种祭典，为什么还要打更巡夜等待敌寇呢？

【解读】

在盐铁会议上，以御史大夫桑弘羊为代表的尚法之士，对匈奴等"夷狄"抱深恶痛绝的态度，认为其绝仁弃义，好战嗜杀，是华夏民族不共戴天之敌，绝非德义仁礼所能感化。贤良文学在与御史大夫辩论时则持守儒家一贯的基本观点，告诫当时的帝王要"博爱远施"，以实现"外内合同"，柔远来附。这里的"博爱"是把仁爱广博地传达到边远蛮荒之地的意思。

二十一、《说苑》

《说苑》，又名《新苑》，汉代刘向编，杂史小说集，成书于鸿泰四年（前17），原20卷，784章，分类记述春秋战国至汉代的逸闻逸事，每类之前列总说，事后加按语。其中以记述诸子言行为主，不少篇章中有关于治国安民、家国兴亡的哲理格言，主要体现了儒家思想、政治理想以及伦理观念。各卷的多数篇目都是独立成篇的小故事，有故事情节，有人物对话，文字简洁生动，清新隽永，有较高的文学价值，对魏晋乃至明清的笔记小说也有一定的影响。

【作者简介】

刘向（前77—前6），原名更生，字子政，沛（今江苏沛县）人，汉高祖之弟楚元王的四世孙，西汉时儒家学者、经学家、文学家，宣帝时任谏大夫，成帝时迁光禄大夫，终中垒校尉。其为人性格恪谨中直，敢于直言，反对外戚、宦官专权，曾为此下狱。少时受家学熏陶，于儒、道、阴阳五行都有涉猎，学问博洽，善为文章，曾奉诏整理五经秘书、诸子诗赋近20年，对古籍的整理保存做出了巨大贡献。所撰《别录》是我国最早的图书分类目录。

【选文】

卫灵公谓孔子曰："有语寡人为国家者，谨之于庙堂之上而国家治矣，其可乎？"孔子曰："可。爱人者，则人爱之；恶人者，则人恶之；知得之己者，亦知得之人；所谓不出于环堵之室而知天下者①，知反之己者也②。"（《说苑·政理》）

【注释】

①环堵：四周环着每面一方丈的土墙，形容狭小、简陋的居室。

②反：类推。

【翻译】

卫灵公问孔子："有人对我说治理国家，只要谨慎于庙堂上的祭祀，国家就可以得到治理，您认为这样可行吗？"孔子说："可以。爱人的人，人们就会爱他；厌恶别人的人，人们也就厌恶他。知道怎样对待自己，也就知道怎样对待别人了；所谓不出斗室之外而却能够通晓天下的事情，这是因为他知道通过自己来类推别人的缘故。"

【解读】

卫灵公向孔子请教说，在庙堂上谨慎地祭祀就可以治理好国家吗？孔子给予肯定的回答，并进行了阐释，说明人们之间的爱、恨和理解，都是相互的，因此，人应该反求诸己，将心比心，推己及人，这是为政者的基本素质，也是庙堂上祭祀礼仪发挥作用的前提。

【选文】

孔子曰："以富贵为人下者，何人不与①？以富贵敬爱人者，何人不亲？（《说苑·杂言》）

【注释】

①与：类，同类。

【翻译】

孔子说："一个富贵的人能降低自己的身份与别人相处，什么人不愿意和他交朋友呢？一个富贵的人能尊敬和爱护他人，有什么人不愿意亲近他呢？"

【解读】

世上的人都汲汲以求富贵，但富贵了以后怎么办？孔子早就教导人们"富而有礼"（《礼记·表记》）"贵不慊于上"（《礼记·坊记》），就是这里说的富贵而能为人下，更可贵的是富贵而能敬爱人。

二十二、《法言》

史称《法言》为扬雄模仿《论语》而作，至于取名《法言》，则本于《论语·子罕篇》："法语之言，能无从乎。"《孝经·卿大夫章》："非先王之法言不敢道。""法"有准则和使物平直的意思，所以"法言"就是作为准则而对事情的是非给以评判之言。

该书形式上类似语录，一条一条的。全书共13卷，每卷30条左右，最后有一篇自序，述说每篇大意和写作意旨，但并不能完全概括各卷的内容。各卷在内容上也有交叉。所以自序实际上是扬雄借此更进一步阐述自己的思想。《法言》的内容很广泛，对哲学、政治、经济、伦理、文学、艺术、科学、军事乃至历史上的人物、事件、学派、文献等都有所论述，从中还可以了解许多西汉末年以前的历史文化知识。

【作者简介】

扬雄（前53—18），字子云，蜀郡成都（今四川成都郫都区）人，西汉后期著名儒家学者、文学家、辞赋家。扬雄从小勤奋好学，博览群书，不为章句，训诂通而已。喜潜心思考，口吃不能剧谈，为人简易清静，长于辞赋。年四十余，始游京师长安，以文见召，奏《甘泉》《河东》等赋。成帝时任给事黄门郎。王莽时任大夫，校书天禄阁。后来认为辞赋为"雕虫篆刻""壮夫不为"，转而研究儒学，仿《论语》作《法言》，模仿《易经》作《太玄》。扬雄的一生，处于西汉由盛转衰之时，整个社会呈现出一种风雨飘摇、朝不保夕的动荡惶惑状态。扬雄由于其出身和经历的影响，成为当时统治阶级中下层的思想代表。

【选文】

人必其自爱也，然后人爱诸；人必其自敬也，然后人敬诸。自爱，仁之至也；自敬，礼之至也。未有不自爱敬而人爱敬之者也。（《法言·君子》）

【翻译】

人必须先自爱，然后别人才能爱他；人必须先自敬，然后别人才能敬他。自爱是仁的极致，自敬是礼的极致。世界上没有不自爱自敬而能够被别人爱和敬的。

【解读】

这句话强调了人要自尊自爱。意思是人一定要自爱，然后才能被他人所爱；人一定要自尊，然后才能被他人尊敬。自爱是最高标准的仁，自敬是最高标准的礼。世界上没有不自爱自敬而被别人爱和敬的。自尊自爱是关爱他人的必要前提。

【选文】

或问"君子之柔刚"。曰："君子于仁也柔，于义也刚。"（《法言·君子》）

【翻译】

有人问扬雄君子性格的刚柔问题，扬雄回答说："君子因为讲仁爱所以柔和，因为讲正义所以刚强。"

【解读】

儒家认为，君子应该具有刚柔相济的性格。孔子说的"仁者乐山，智者乐水"，山刚水柔，刚柔并济才是君子。扬雄告诉我们：君子因为有仁爱之德所以性格柔和，因为有正义之气所以刚强。李轨注云："仁爱大德，故柔屈其心；节义大业，故刚厉其志。"君子有仁爱之大德，所以能够以柔和委屈心性；君子重节义之大业，所以能够以刚强砥砺志向。

二十三、《文子》

　　《文子》主要解说老子之言，阐发老子思想，继承和发展了道家"道"的学说，其实是夹杂抄袭了儒、墨、名、法诸家语句来解释《道德经》。前人皆认为今本系汉唐之间的伪书，或为抄袭《淮南子》的西汉后期作品。1973年河北定县汉墓出土的竹简中，有《文子》的残简，其中与今本《文子》相同的文字有6章，确证了《文子》一书的存在，为西汉时已有的先秦古书。天宝元年（742），唐玄宗诏改《文子》为《通玄真经》，与《老子》《庄子》《列子》并列为道教四部经典。

【作者简介】

　　文子，姓辛氏，号计然，生卒年不详，老子的弟子，与孔子同时，道家祖师，被尊为太乙玄师。文子学道早通，游学于楚。楚平王孙白公胜曾向他询问"微言"。后又游学到齐国，彭蒙、田骈、慎到、环渊等皆师事之，形成齐国的黄老之学。常游于海泽，越大夫范蠡尊之为师，授范蠡七计。范佐越王勾践，用其五而灭吴。后隐居在吴兴余英禺山，不知所终，或云成仙而去。文子在唐代时与老子、庄子并重。天宝元年（742），唐玄宗诏封文子为"通玄真人"。

【选文】

　　故仁莫大于爱人，智莫大于知人，爱人即无怨刑，知人即无乱

政。（《文子·微明》）

【翻译】

所以，就仁而言，最重要的莫过于爱人；就智而言，最重要的莫过于了解人；能够爱人就不会有冤狱，能够了解人就不会出现政治的混乱。

【解读】

圣人仁且智，以其敏锐的知觉和仁爱的心肠，能爱人，能知人。这不仅是为人处世的基本要求，更是政治生活的重要内容，是社会和谐稳定的应有之义。

【选文】

夫慈爱仁义者，近狭之道也。狭者入大而迷，近者行远而惑。圣人之道，入大不迷，行远不惑，常虚自守，可以为极，是谓天德。（《文子·自然》）

【翻译】

所谓慈爱仁义，是比较浅近狭隘的道理。狭隘的人进入广大的地方就会迷惑，浅近的人走到高远的境界就会困惑。只有奉行圣人的大道，进入广大的地方不会迷惑，走到高远的境界不会困惑，常常清净虚无，自我守持，就可以达到最高的境界，这就是天德。

【解读】

像老子批评孔子一样，文子对儒家的慈爱仁义很看不上眼，认为是浅近狭隘的道理。而他心目中的"圣人""入大不迷，行远不惑，常虚自守，可以为极"，其境界很高，能够得道，故称为天德。德者得也，得道也。实际上儒家的慈爱仁义虽然是以人为本的，但是并没有与天隔绝，其最高境界也是上达天道的，如孔子的下学上达，孟子的尽心、知性、知天。从这里可以看出道家对儒家的批评有时存在误解的情况。

二十四、《太平经》

《太平经》是黄老道的主要经典，作者今已不可考。据史料记载，原书本为170卷，今本仅存57卷。作为道教的著作，是以老子等黄老列庄的道家思想为核心的。但是它成书于东汉中晚期，所以书中的思想也受到当时的儒家思想以及神仙方术的影响，采用问答体，即真人（弟子）问，神人（天师）答。《太平经》思想基本上保持了老子的观点，是道家从老庄思想演化为宗教的重要文献，主要是把阴阳五行和老庄结合，同时又披上了神话的外衣。其内容驳杂，涉及天地、阴阳、五行、灾异、神仙等，以奉天地顺五行为本，认为可以治国理民，可以长生，对道教教义的发展有深远的影响，也有反映贫苦民众疾苦与要求的思想，还对当时的社会政治问题发表了评论。该书对于张角传播太平道，组织黄巾起义起了理论指导作用，张陵创五斗米教也利用了它，在道教史上有着极其重要的地位。

【选文】

古者圣贤，乃贵用道与德^①，仁爱利胜人也，不贵以严畏刑罚，惊骇而胜服人也。（《太平经合校》卷四十七）

【注释】

①贵：值得看重，重视。

【翻译】

古代的圣贤，把道和德看得很珍贵，用仁爱去教导别人，使别人从中得到利益，不很看重威严和刑罚，不会用惊吓的方式去制服别人。

【解读】

重德轻刑，德主刑辅是古代圣王的治国之道，作者告诫当时的君王也应该像古代圣贤一样以德服人，博施仁爱，而不要滥用刑罚，这样才能获得人心，老百姓才会竞相归附。

二十五、《长短经》

《长短经》是唐代道家、纵横家赵蕤编写的一本著作，全书共9卷64篇，内容上起尧舜，下迄隋唐，集儒家、道家、法家、兵家、杂家和阴阳家思想之大成，是黑白杂糅之书，以谋略为经，历史为纬，记述国家兴亡、权变谋略、举荐贤能、人间善恶四大内容，又以权谋政治和知人善任两个重点为核心，在总结历史经验教训的基础上，探讨经邦济世的长短纵横之术，品评前哲先贤的智勇奇谋，可谓集历代政治权谋与驭人术大成之作。

【作者简介】

赵蕤（659—742），字太宾，梓州盐亭（今四川盐亭）人，从小读百家书，博于韬略，长于经世，是唐代杰出的道家与纵横家，与李白齐名的"蜀中二杰"，以"赵蕤术数，李白文章"并称，一生隐居不仕，专心从事著述。

【选文】

仁者，爱也；致利除害，兼爱无私，谓之仁。（《长短经》卷八《定名》）

【翻译】

所谓仁，就是爱；让人们得到利益，帮别人除去祸害，兼爱而且没有私欲就是仁。

【解读】

这是对仁者爱人的界定，试图把儒家的仁爱与墨家的兼爱结合起来，让人们除去私欲。

二十六、《昌黎先生集》

《昌黎先生集》是韩愈作品的汇集，内收韩愈赋、古诗、联句、律诗、杂著、书、序、祭文、碑志、杂文、状等各种体裁的作品。韩愈自称年轻时就穷究于经、传、史书、百家之说，从中吸取了各家各派的学术营养，因此，他推崇儒学，但不独尊一家。处于中唐时期的韩愈，面对佛道大炽，儒门衰微的现实，为了捍卫儒家的正统地位，先后撰写了《原道》《原性》《原毁》《原人》《原鬼》5篇著作，对佛老之学进行了猛烈的抨击，提出了以《大学》为纲领的理论体系，用《大学》之修身、齐家、治国、平天下的理论来反对佛教只讲个人修身养性的出世原则。以儒学为主、兼容百家之学的立场，决定了他对佛学的态度，即既公开地、激烈地反对佛教教义，又不自觉地容纳佛教某些宗教哲学的双重态度。因此，他也受佛教法统说的影响，提出了儒家道统说，为唐宋以后恢复儒学正宗地位做出了重要贡献。

【作者简介】

韩愈（768—824），字退之，河南河阳（今河南省孟州市）人，自称"郡望昌黎"，世称"韩昌黎""昌黎先生"。唐代杰出的文学家、思想家、政治家。贞元八年（792），韩愈登进士第，两任节度推官，累官监察御史。韩愈受当时儒学复兴思潮和家庭教养的影响，青年时代就推崇儒学和提倡古文。他曾因反对唐宪宗迎佛骨而被贬为潮州刺史。穆宗即位被召回京师，先后出任国子博士、兵部侍郎、吏部侍郎等职，人称"韩吏部"。他是唐代古文运动的倡导者，被后人尊为"唐宋八大家"之首，与柳宗元并称"韩柳"，有"文章巨公"和"百代文宗"之名。

【选文】

博爱之谓仁。（《昌黎先生集·原道》）

【翻译】

博爱就是仁。

【解读】

韩愈在其《原道》之开篇，提出"博爱之谓仁"的命题。这里以"博爱"释"仁"的意见，在宋代以后产生很大影响，成为儒家仁学中有代表性的阐释。

【选文】

孔子泛爱亲仁①，以博施济众为圣②，不"兼爱"哉？

儒墨同是尧舜，同非桀纣，同修身正心以治天下国家，奚不相悦如是哉？

孔子必用墨子，墨子必用孔子。不相用，不足为孔墨。（《昌黎先生集·读墨子》）

【注释】

①泛爱亲仁：广施爱心，亲近有仁德之人，出于《论语·学而》："泛爱众，而亲仁。"

②博施济众：给予大众以恩惠和接济，出于《论语·雍也》："如有博施于民而能济众，何如？"

【翻译】

孔子认为广施爱心，亲近有仁德之人，给予大众恩惠和接济的人是圣人，这难道不是"兼爱"吗？儒墨同赞扬尧舜，同批判桀纣，同样是通过修身正心来治理天下国家，为什么不能和悦相处呢？孔子一定可以采纳墨子的思想，墨子一定能够接纳孔子的思想。如果他们不能相互借鉴吸收，就不足以称为孔子、墨子。

【解读】

韩愈在这里一反孟子辟杨墨的说法，认为孔子讲的泛爱众而亲仁、博施济众与墨家的兼爱学说有相通之处。因为他们同尊上古圣王尧舜，同辟夏商末代暴君桀纣，他们都提倡在修身正心的基础上治国平天下，符合内圣外王之道，所以应该和睦相处，不应该互相攻击。孔子与墨子，儒家与墨家，应该相互借鉴吸收，这才称得上是孔子与墨子。儒墨有学术渊源，有相通之处，但毕竟是不同两家学派，不能简单地抹平其中的差异。

二十七、《张载集》

《张载集》，章锡琛点校，中华书局1978年版，收录有《正蒙》《横渠易说》《东铭》《西铭》《经学理窟》《横渠中庸解》《礼乐说》《论语说》《祭礼》《孟子说》等。张载曾经对佛、道多有涉猎，后专注儒家经籍，仔细研读，苦心深思，以《易》为宗，以《中庸》为体，以《礼》为用，以孔孟为法，创立了自己的思想体系，其学术思想在中国思想文化发展史上占有重要地位，对以后的思想界产生了较大的影响，他的著作一直被明清两代政府视为哲学的代表之一，作为科举考试的必读之书。

【作者简介】

张载（1020—1077），字子厚，原籍大梁（今河南开封），后占籍为凤翔眉县（今陕西眉县）横渠镇人，学者称"横渠先生"。北宋大儒，关学创始人，理学的奠基者之一。宋仁宗嘉祐二年（1057）进士，授祁州司法参军，调丹州云岩令。迁著作佐郎，签书渭州军事判官。神宗熙宁二年（1069），除崇文院校书，次年移疾。十年春，复召还馆，同知太常礼院。同年冬告归，十二月乙亥卒于道，年五十八。宁宗嘉定十三年（1220），赐谥明公。

【选文】

以责人之心责己则尽道①，所谓"君子之道四，丘未能一焉"者也②；以爱己之心爱人则尽仁，所谓"施诸己而不愿，亦勿施于人"者也③；以众人望人则易从④，所谓"以人治人，改而止"者也。此君子所以责己、责人、爱人之三术也。（《张载集·正蒙·中正篇》）

【注释】

①责：责令，要求。

②语出《中庸》，君子的四项"道"指的是"所求乎子以事父，所求乎臣以事君，所求乎弟以事兄，所求乎朋友先施之"。

③语出《中庸》，也就是《论语·颜渊》中的"己所不欲，勿施于人"。

④望：怨恨，责怪。

【翻译】

用要求别人的心态来要求自己就达到了道的高度，这就是孔子所讲的"君子的道有四项，可我孔丘连其中的一项也没有做到"

的意思；用像爱护自己一样的心情去爱护他人，这就达到了仁的水平，这就是孔子所讲的"对自己来说都不愿做的事情，就不要去对待别人了"的意思。如果大家都批评一个人，那么他就应该能够顺从，这就是"君子之治人也，即以其人之道，还治其人之身。其人能改，即止不治"。这就是君子用以要求自己、要求别人、关爱别人的三条原则。

【解读】

这是宋初大儒张载对孔子思想的综合性发挥，概括出君子责己、责人、爱人三个基本原则。特别是"以责人之心责己""以爱己之心爱人"说得非常经典。

【选文】

乾称父，坤称母，予兹藐焉①，乃混然中处。故天地之塞②，吾其体；天地之帅，吾其性③。民吾同胞，物吾与也④。（《张载集·西铭》）

【注释】

①予：我。兹：语气词。藐：通"眇"。弱小，多指幼儿。

②天地之塞：乾坤的阴阳二气充塞天地。

③帅：带领，遵循。吾其性：我因此成就了自己的本性。

④与：同类。

【翻译】

乾可以称为父亲，坤可以称为母亲。我很渺小地处在天地之中，与天地万物浑然为一体，所以乾坤的阴阳二气充塞天地，也赋予了我的形体；天地的性质为阴阳二气所遵循，我因此而成就了自己的本性。所有人民是同一父母所生的兄弟，人类以外的万物是我的同类。

【解读】

张载在《西铭》中将人与人、人与物之间的阻隔全面破除，对人与天地万物一体的境界作了形象论述：乾、坤就是天、地，人是天地的孩子而与天地万物混然为一体。就是说，人与天地万物同处于一个无限的生命整体和生生不息的链条中。这里的乾父坤母主要是从象征意义上说的，他并不是说天地就是人的父母，而是强调超越性的天地对于人的根本意义，也就是它对于人的本体论意义。吾人与万物同在天地乾坤之德的创生中，同生共长，浑然无别。如是，塞乎天地之间的阴阳之气即形成吾人之形体，而主宰天地之常理，即为吾人之本性，天人本不相隔。人与人、人与物之间，犹如同胞手足，也如朋友同侪，彼此血肉相连，痛痒相关，休戚与共。诚如朱熹所云："《西铭》首论天地万物同体之意，固极宏大。"显然，《西铭》所强调的"同体"之意，偏重的是人与万物"同为一体"之意，而不是"同一本体"，故人与天地万物本为一体而不可分割。这样，张载体悟到人与人、人与万物息息相通、血肉相连的内在联系，自然就得出了"民胞物与"的结论。

二十八、《二程集》

　　《二程集》，王孝鱼点校，中华书局1981年版，是北宋理学家程颢、程颐兄弟全部著作的汇集，包括《遗书》《外书》《文集》《易传》《经说》《粹言》6种，其中程颐的著作居多。《遗书》是二程的弟子们记下的二程语录，后来由朱熹加以综合编定。《外书》是《遗书》的辅编或续编。书中第一次把"理"作为宇宙本体，阐述天地万物生成和身心性命等问题，建立了以"理"为核心的理学思想体系，其中程颢的识仁、定性，程颐的性即理、主敬、体用一源等许多重要哲学概念和命题，在思想史上第一次提出，为后世沿用。二程的人性论是在张载"天地之性"和"气质之性"的基础上展开的，把张载的"天地之性"改为"天命之性"；在其"天理"论的基础上对《大学》里的"格物致知"进行了新的阐释，形成他们的认识论；还以其"天理"论发挥孔子"克己复礼"的命题，提出了自己的修养论；在学术上提出了"穷经以致用"的主张，突破了汉学墨守成规的治学方法，乃为一大进步。二程的理学思想体系是北宋时期理学初创阶段比较典型的形态，它勾勒出了程朱理学的基本轮廓，为朱熹思想的产生提供了理论基础。

【作者简介】

　　程颢（1032—1085），字伯淳，学者称明道先生。嘉祐年间举进士后，任鄠县及上元县主簿、晋城令。有治绩，官至太子中允、监察御史里行。曾参与王安石变法，后因反对新法，被贬至洛阳任京西路提点刑狱。与先后被贬至洛阳的文彦博、吕公著、司马光等相互联系，继续反对新法。哲宗即位，司马光执政，荐程颢为宗正寺丞，未及行即病逝。

程颐（1033—1107），字正叔，学者称伊川先生。司马光执政时，被荐为崇政殿说书，与修国子监条规。在为哲宗侍讲期间，敢以天下为己任，议论褒贬，无所顾忌，声名日高，从游者日众。其后，程颐因反对司马光的新党执政而被贬，任西京国子监守。不久削职，被遣送至四川涪州，交地方管制。徽宗即位，得以赦免，但不久又受排斥，遂隐居龙门，遣散门徒，不久病逝于家。至南宋，追谥正公。

二人都曾就学于周敦颐，并同为宋明理学的奠基者，世称"二程"，他们的学说也称为"洛学"，与关学、濂学、闽学齐名，在思想上对后世有很大影响。

【选文】

医书言手足痿痹为不仁①，此言最善名状②。仁者，以天地万物为一体，莫非已也。认得为己，何所不至？若不有诸己，自不与己相干。如手足之不仁，气已不贯，皆不属己。故"博施济众"，乃圣之功用。（《二程集》上）

【注释】

①痿痹：痿，中医指身体某一部分萎缩或失去机能的病，例如下痿、阳痿等。痹，中医指由风、寒、湿等引起的肢体疼痛或麻木的病。肢体不能动或丧失

感觉，表现为麻木不仁，比喻对事物的反应迟钝或漠不关心。

②最善名状：最好描述。

【翻译】

医学上常常说手脚肌肉萎缩麻木为不仁，这话是对不仁的最好描述。仁者以天地万物为有机生命体，没有不属于自己的方面。如果一个人认为外界的事物都是自己身体的一部分，又有哪些仁爱之事做不到呢？如果一个人认为外界的事物与自己毫不相干，那就像人的手脚麻木不仁，气血不能贯通，都是不属于自己的方面。所以，广施恩惠，拯救众民，才是圣人应该发挥的作用。

【解读】

通常说人得了痿痹病，就表现为手足麻木不仁，觉得手足与自己没有关系。人与天地万物的关系与此非常相似，有仁爱的人对天地万物有一种认同感，在精神上通达于天地万物，这就是感通。如果不能感通，就表示天地万物不属于自己，与自己没有什么关系，就会冷漠或者伤害其他生命。有仁德的人能够把天地万物看成是与自己息息相关的有生命力的整体，把天地万物看成是自己的生命的一部分，故能爱人爱物，如同爱己。

【选文】

若夫至仁，则天地为一身，而天地之间，品物万形为四肢百体①。夫人岂有视四肢百体而不爱者哉！（《二程集》上）

【注释】

①品物：万物。

【翻译】

要说最高的仁，就是将天地万物视为与自己一样的生命体，而天地之间的万事万物就是这一生命体的四肢百骸。哪里有人对待自己的四肢百骸而不爱护的呢?

【解读】

也就是说，整个天地宇宙就是"大我"，天地之间的万事万物是"大我"的"四肢百体"，因而人类对于万事万物，就像对待自己的肢体一样，应该倍加珍惜和爱护。当万事万物遭到损伤，犹如自己的肢体受到伤害一样，怜悯之情油然而生。"仁"的意思，依照孔子的说法，是"爱人"。而"至仁"，不仅爱人，而且爱物，爱天地，就因为在仁的最高境界，天人相合，万物一体，"仁"也就是核心，是天地宇宙与人的魂魄精神。

【选文】

问仁。曰："此在诸公自思之，将圣贤所言仁处，类聚观之，体认出来①。孟子曰:'恻隐之心，仁也②。'后人遂以爱为仁。恻隐固是爱也。爱自是情，仁自是性，岂可专以爱为仁? 孟子言恻隐为仁，盖为前已言'恻隐之心，仁之端也③'，既曰仁之端，则不可便谓之仁。退之言'博爱之谓仁④'，非也。仁者固博爱，然便以博爱为仁，则不可。"(《二程集》上)

【注释】

①体认:体会。

②"恻隐"二句:语出《孟子·告子上》

③"恻隐"二句：语出《孟子·公孙丑上》

④此句见韩愈《原道》

【翻译】

有人问什么是仁。程颐先生回答说："这要诸位自己去思考它，把圣贤谈仁的言论分类集中去看，体会出来。孟子说：'同情之心就是仁。'后人于是把爱当作仁。爱原本是情，仁原本是性，怎么可以单纯把爱当作仁？孟子说：'同情之心，是仁的萌芽。'既然是说'仁的萌芽'，就不可以简单称作仁。韩愈说：'博爱就叫作仁'，这是不对的。仁德的人固然博爱，但是把博爱叫作仁，那是不可以的。"

【解读】

这是程颐与学生讨论什么是"仁"，他让学生把圣贤关于仁的言论进行分类，通过分析比较去体会，并举例孟子"恻隐之心，仁也""恻隐之心，仁之端也"和韩愈"博爱之谓仁"进行评判，区分爱与仁：爱原本是情，仁原本是性，不能以爱为仁。把博爱叫作仁也不对，二者不能简单等同。但他自己并没有说什么是"仁"。这大概与孔子一样，并不给"仁"一个具体的定义，而是让学生在生活实践中随处体会"仁"的含义。

二十九、《朱子语类》

朱熹与其弟子问答的语录汇编。此书编排次第，首论理气、性理、鬼神等世界本原问题，以太极、理为天地之始；次释心性情意、仁义礼智等伦理道德及人物性命之原；再论知行、力行、读书、为学之方等认识方法。又分论四书五经，以明此理，以孔孟周程张朱为传此理者，排释老、明道统。《朱子语类》基本代表了朱熹的思想，内容丰富，析理精密。

【作者简介】

朱熹（1130—1200），字元晦，又字仲晦，号晦庵，晚称晦翁，谥文，世称朱文公。徽州婺源（今江西婺源）人，出生于南剑州尤溪（今属福建三明）。宋朝著名的思想家、哲学家、教育家、诗人，程朱学派的代表人物，儒学集大成者，世尊称为朱子。朱熹是唯一非孔子亲传弟子而享祀孔庙，位列大成殿十二哲者中。朱熹是程颢、程颐的三传弟子李侗的学生，任江西南康、福建漳州知府，浙东巡抚，做官清正有为，振举书院建设。官拜焕章阁待制兼侍讲，为宋宁宗讲学。朱熹著述甚多，有《四书章句集注》《太极图说解》《通书解说》《周易本义》《诗经集传》《楚辞集注》，后人辑有《朱子大全》《朱子语类》等。其中《四书章句集注》成为钦定的教科书和科举考试的标准用书。

【选文】

且看春间天地发生，蔼然和气，如草木萌芽，初间仅一针许，少间渐渐生长，以至枝叶花实，变化万状，便可见他生生之意。非仁爱，何以如此？缘他本原处有个仁爱温和之理如此，所以发之于用，自然慈祥恻隐。（《朱子语类》卷一七）

【翻译】

我们且看春季到来之时，天地之间生气萌发，到处充满了温煦和善之气。例如那些植物，一开始就是针尖大的苗芽，很快不断生长，以至于从枝繁叶茂、繁花似锦到硕果累累，其间千变万化，就可见天地那种生生不息的力量。如果不是仁爱的话，怎么会有这种力量？因为天地间本源处就有这种仁爱温和的道理在，这种道理的发用，就使得自然界呈现出慈爱、祥和、同情、怜悯的气象。

【解读】

在朱子看来，万物之所以生生不息，自有其源头活水，这个"本原处"就是天地具有的仁爱温和之理，这是一切生命发育生长、发展壮大的力量源泉。也就是说，仁爱就是天地间一种生生不息的原动力，正因为有了仁爱，自然界才呈现出鸢飞鱼跃，生机勃勃的景象，各种生命才能繁衍生息，代代相续。

【选文】

"仁者爱之理"，理是根，爱是苗。仁之爱，如糖之甜，醋之酸，爱是那滋味。

仁是根，爱是苗，不可便唤苗作根。然而这个苗，却定是从那根上来的。

仁是爱之理，爱是仁之用。未发时，只唤做仁，仁却无形影；既发后，方唤做爱，爱却有形影。

仁者，爱之理；爱者，仁之事。仁者，爱之体；爱者，仁之用。（《朱子语类》卷二十）

【翻译】

"仁者爱之理"的意思是说理是根，爱是苗。由仁发出来的爱，就像糖的甜味、醋的酸味，爱就是仁的那种滋味。

仁是根，爱是苗，所以不能把苗叫作根，但这个苗一定是从那个根上生长出来的。

仁是爱的道理，爱是仁的发用。当未发时，只能叫作仁，其实这时的仁是无形无影的；已经发了以后，才可叫作爱，而这时的爱却是有形有影的。

仁是爱的道理，爱是仁的实事。仁是爱的本体，爱是仁的发用。

【解读】

这几段话是朱熹就仁与爱二者的关系所作的精细分析，他从本与末、体与用、理与事、未发与已发等相互联系的视角对仁爱进行诠释，具有很深的哲学意蕴，比起汉唐儒者的认识要深化得多，能够加深我们对仁爱的深层理解，以更好地践行仁爱。

【选文】

爱便是仁之发，才发出这爱来时，便事事都有。第一是爱亲，

其次爱兄弟，其次爱亲戚，爱故旧，推而至仁民，皆是从这物事发出来。(《朱子语类》卷——九)

【翻译】

爱是仁的发用，只要生发出这爱心来，便对事事都有了爱。第一是爱自己的双亲，其次是爱兄弟，再其次是爱亲戚，爱朋友故旧，推而广之到仁爱百姓，这些都是从仁发出来的爱。

【解读】

这里对儒家爱的根源性、等差性进行了深入的论证，认为爱是儒家核心概念——仁的发用，仁是一切爱的源泉，发出来的爱是普遍而有等差的，爱双亲、爱兄弟、爱亲戚、爱朋友，推及爱老百姓，以同心圆层层推衍，都是由仁这个源泉流淌出来的。

【选文】

问："泛爱众。"曰："人自是当爱人，无憎嫌人底道理。"又问："人之贤不肖，自家心中自须有个辨别。但交接之际，不可不泛爱尔。"曰："他下面便说'而亲仁'了。仁者自当亲，其它自当泛爱。盖仁是个生底物事。既是生底物，便具生之理，生之理发出便是爱。才是交接之际，便须自有个恭敬，自有个意思，如何漠然无情，不相亲属得！圣人说出话，两头都平。若只说泛爱，又流于兼爱矣。"(《朱子语类》卷二十二)

【翻译】

朱熹的学生问怎么理解"泛爱众"，朱熹回答："人自然应当爱人，没有憎恨别人嫌弃别人的道理。"学生又问："人是贤能还是不肖，自己心目中对自我的道德定位必须有个辨别。但是，人与人在交往之际，不可不讲泛爱众啊。"朱熹说："你下面就会说'而亲仁'了。仁德的人自然应当亲爱自己的亲人，对其他人与万物自然应当泛爱。因为仁是生命产生出来的东西。既然是有生命性的特征，便会具有生命的道理，生命的道理发出的便是爱。人们在刚刚开始要交往之际，自己就必须对别人恭敬，自己对别人有个亲近的态度，怎么能够漠然无情，因为没有血缘关系就没有亲近感！圣人说出来的话，因为合乎中道，所以两边也都平衡了。如果只是说泛爱众，又会流于兼爱了。"

【解读】

朱熹向学生仔细讲解儒家的"泛爱众"，认为它是仁爱的一种特殊表达，"仁者自当亲，其它自当泛爱"，也就是说，儒家的"泛爱"是仁爱从血亲之爱推展开来的，因此不能一说孝悌就笼统含糊地说"泛爱"，那样就会流于墨家的兼爱。怎么区分儒家的仁爱（泛爱）与墨家的兼爱？"仁爱"的本质是亲情之爱，孝是其立足点与出发点。亲子之情是最原始最典型的人类之爱，正是立足于此，从这种最具普遍意义的情感体验出发，才使得仁爱建立在最真实可靠的感性基础上。与之相比较，墨子"兼爱"思想提倡"天下之人皆相爱"，主张"爱无差等"，是对亲情的漠视和超越，缺乏一个自然真实可靠的情感体验作为基础，违背了人之常情，从而更直接地与传统社会的阶级结构与宗法观念相抵牾，其后儒昌而墨亡，根本原因大概就在这里。仁爱的延展即所谓"近取譬"而"推己及人"。"推己及人"是一种亲情体验与亲情延展，即基于自己

143

的亲情感受去体会推度他人的亲情感受，通过换位思考、感同身受，实现亲情的超越与拓展，实现由爱亲到爱人、爱世，直至爱物的同心圆推衍。这样就合情合理地拓展深化了"仁爱"的内涵，提高了"仁爱"的普适度，完成了它向理想境界的提升，成为在特殊性基础上形成的具有普遍意义的人类之爱。在这个意义上，才可以说"泛爱"。

三十、《传习录》

《传习录》记载了王阳明的语录和论学书信。"传习"一词源出自《论语》中的"传不习乎"一语。该书集中反映了王阳明的心性之学，是研究王阳明思想及心学发展的重要资料，在中国古代哲学史上有着重要的地位。上卷经王阳明本人审阅，中卷里的书信出自王阳明亲笔，是他晚年的著述，下卷虽未经本人审阅，但较为具体地解说了他晚年的思想，并记载了王阳明提出的"四句教"。在思想上，王阳明继承了孟子的"万物皆备于我"、陆九渊的"心即理""宇宙便是吾心，吾心便是宇宙"以及禅宗的"以心法起灭天地"等，批判程朱理学，构建了一个完整的心学体系，成为中国思想史上心学的集大成者。

【作者简介】

王守仁（1472—1529），字伯安，浙江余姚人，明代著名心学家、思想家、教育家、军事家、文学家。因筑室会稽阳明洞，自号阳明子，世称阳明先生。他28岁中进士后在京师任刑部云南清吏司主事、兵部武选清吏司主事，并主考山东乡试。后因弹劾宦官刘瑾，谪为贵州龙场驿丞。正德三年（1508）时他发生了重要的思想转变，以为圣人之道，吾性自足，于是背弃朱熹向外穷理的格物致知说，并在当地建立龙冈书院。贵州提学副使席书聘其主讲贵阳文明书院，他在此首次演讲知行合一说。不久，赦归为江西庐陵知县。此后，历任南京刑部、吏部清吏司主事，南京太仆寺少卿，鸿胪寺卿，都察院左佥都御史等职。正德八年（1513）至滁州督马政，讲学规模渐大，一度强调静坐，要求就思虑萌动处省察克治。正德十一年（1516），升任南赣佥都御史，奉命清剿赣南山贼。在军事镇压取得成功后，强调思想统治，重视教化，使赣南的统治秩序得到恢复。这期间他在赣县修建濂溪书院，刻印古本《大学》，印发《朱子晚年定论》，其弟子薛侃出版了《传习录》。50岁时升至南京兵部尚书。后退职回乡。晚年又总督两广军务，病死归途。遗著有《王文成公全书》38卷。

【选文】

夫圣人之心，以天地万物为一体，其视天下之人，无外内远近，凡有血气，皆其昆弟赤子之亲①，莫不欲安全而教养之，以遂其万物一体之念。天下之人心，其始亦非有异于圣人也，特其间于我之私，隔于物欲之蔽，大者以小、通者以塞，人各有心，至有视其父子昆弟如仇雠者②。圣人有忧之，是以推其天地万物一体之仁以教天下，使之皆有以克其私，去其蔽，以复其心体之同然。（《传

习录》中）

【注释】

①昆弟：兄和弟。

②雠（chóu）：大怨曰雠。仇雠：仇敌。

【翻译】

至于圣人的心，那是与天地万物为一体的。圣人对待天下之人，能够超越亲疏远近内外的差别。凡是有生命血气的，都像亲兄弟一样有着赤诚的亲情，都会保障他们的平安并且进行教养，以实现他的天地万物一体的本心。天下一般人的心，一开始与圣人并没有什么不同，只是被自我的私心所离间，受到物欲的蒙蔽，为天下大众的心变成了为自己的私心，大的心变而为小，通达的心变成了有阻塞的心。这样，人人都有自己的私心，甚至把父子兄弟也看成仇人。圣人对这样的情况感到忧虑，所以就推广他那与天地万物为一体的仁心来教化天下人，使天下人都克服私欲，除去蔽塞，从而恢复本来所共有的本心。

【解读】

这是王阳明诠释《大学》的一段话，他以万物同体的归旨把"仁者与天地万物为一体"与《大学》三纲领之一的"亲民"连成一体。在王阳明看来，就"心"的本来面目而言，每个人与圣人一样，都是以天地万物为一体的，这种一体主要表现为相互之间的诚爱无私。比起孔子的博爱济众和孟子的仁民爱物，王阳明在这里更加凸显儒学诚爱恻怛的情怀和对社会、人类的责任感、使命感。这当然是在总结、继承儒家思想传统的基础上，根据时代发展的需要，从心学的角度对儒家天地万物一体观点的重大发展。

【选文】

问："……何墨氏兼爱，反不得谓之仁？"

先生曰："此亦甚难言，须是诸君自体认出来始得。仁是造化生生不息之理，虽弥漫周遍，无处不是，然其流行发生，亦只有个渐，所以生生不息。如冬至一阳生，必自一阳生而后渐渐至于六阳，若无一阳之生，岂有六阳？阴亦然。惟其渐，所以便有个发端处，惟其有个发端处所以生，惟其生所以不息。譬之木，其始抽芽，便是木之生意发端处，抽芽然后发干，发干然后生枝生叶，然后是生生不息。若无芽，何以有干有枝叶？能抽芽，必是下面有个根在。有根方生，无根便死。无根何从抽芽？父子兄弟之爱，便是人心生意发端处，如木之抽芽。自此而仁民，而爱物，便是发干生枝生叶。墨氏兼爱无差等，将自家父子兄弟与途人一般看，便自没了发端处；不抽芽，便知得他无根，便不是生生不息，安得谓之仁？"（《传习录》上）

【翻译】

有人问："……为何墨子的兼爱，反而不能称为仁呢？"

阳明先生说："这些很难用语言表达，主要还有赖于各位自己从心底里深刻体会，才能弄清楚。仁是造化万物生生不息的天理，虽然它遍布宇宙，无处不在，然而它的产生、流动、发展，也只是个渐进的过程，所以生生不息。就像冬至时一阳开始产生，一定是从一阳开始，渐渐才产生六阳。如果没有一阳的产生，又何来六阳？阴也是这样。正因为它是个渐进的过程，所以就会有个开端；就因为它有个开端，所以才会有生命力；因为有生命力，所以它才能生生不息。就像树木一样，开始时是发芽，这是树木生命力产生的地方；树发芽之后，就长成树干，树干上就会长出树枝、树叶，树就是这样生生不息的。假如树没有芽，怎么能长成树干和树叶呢？树能够发芽，一定是树下面有树根。有树根才能生长，树没有根就会枯死。没有树根，树芽从哪里发出来呢？父子兄弟的亲情之爱，就是人心产生普遍仁爱意识的最初出发点，就像树木有根才能发芽一样。从孝悌开始，才会逐渐发展成关爱百姓、友爱万物，这就像树发芽之后，会枝叶繁茂。墨氏的兼爱是无差别的感情，把自家的父子兄弟当作路上随便见到的一般人一样看待，这就使得仁爱没有了生发的起点。树不发芽，便知道其没有根，也就不会有生生不息的生命力。这怎么能叫作仁呢？"

【解读】

儒家的仁爱是以爱有差等为其具体展开的逻辑形式，所以仍然要与墨家的兼爱划清界限。早在先秦时期，孟子就曾经激烈地批评墨子的兼爱是无父，认为兼爱之说抹杀了孝悌作为仁道的根本，会导致社会伦理的混乱。王阳明继承发展孟子的思想，认为仁是造化生生不息的天理，它的产生、发展是一个渐进过程，是有生命力的，所以生生不息。他以树木为例，说明人类的仁爱之发端就是父子兄弟的亲情之爱。从这里开始，进而生长、发展、扩展，才会关爱百姓、友爱万物，就像树从根芽逐渐长成树干和树叶一样。墨子兼爱的缺点就是把自己的亲人当成路人，没有仁爱的发端处，也就成了空话大话。

三十一、《呻吟语》

《呻吟语》是明代晚期著名学者吕坤的语录体小品文集。全书共分6卷，前3卷为内篇，后3卷为外篇，涉猎广泛，体悟性强。该书以儒家思想为基础，包容吸纳了道家、法家、墨家等诸子百家的思想精华，内容涉及政治、经济、刑法、军事、水利、教育、音韵、医学等各个方面，加上作者本人的宦海沉浮以及对人世间冷暖沧桑的独特感受与思考，关乎修身处事、治国平天下，言简意赅，洞彻精微。

【作者简介】

吕坤（1536—1618），字叔简，一字心吾或新吾，自号抱独居士，明代归德府宁陵（今河南商丘宁陵）人。明朝思想家、文学家，万历进士，曾任户部郎中，官至刑部左、右侍郎，刚正不阿，为政清廉。万历二十五年（1597）五月，上书陈天下安危，劝神宗励精图治。疏入，不报，又遭给事中戴士衡诬告，于是吕坤愤然称病乞休。引退后，杜门谢客，隐居乡间二十余年，授徒讲心学。1618年病逝于家。1621年追赠为刑部尚书。

【选文】

恣纵既成①，不惟礼法所不能制，虽自家悔恨，亦制自家不得。善爱人者②，无使恣纵；善自爱者，亦无使恣纵。天理与人欲交战时，要如百战健儿，九死不移，百折不回，其奈我何？如何堂堂天君，却为人欲臣仆？内款受降③，腔子中成甚世界？（《呻吟语·修身》）

【注释】

①恣纵：放任。

②善：多，常，易。

③内：同"纳"。交入，接纳。

【翻译】

如果放纵的行为已经既成事实，那么不但礼法不能制约，即使自己悔恨不已，也还是不能控制自己的行为。常常能够爱人的人，就不会使自己放纵；同样，常常自爱的人，也不会自我放纵。在天理与人欲进行激烈的斗争时，要像百战不屈的健儿那样，即使面临九死一生的考验也不能改变他的意志，面对无数挫折也不会屈服，无限的欲望又怎能战胜我对天理的信仰呢？而堂堂的男子汉大丈夫却怎么能成为人欲的奴仆呢？向人欲递送投降条约的人，你的内心世界究竟是怎样的啊？

【解读】

人有欲望，容易自我放纵。对于人性的这一弱点，根本的制约是内在的心性修养，发而为自爱和爱人的行为；此外还有外在的礼法制约。当然，在儒家看来，内在的修养是本，外在的礼法约束是末。无欲则刚，内在的修养战胜了人欲，就会遵循天理，具有刚强的意志和坚强的毅力，成为堂堂的男子汉大丈夫。

【选文】

古人爱人之意多，今日恶人之意多。爱人，故人易于改过而视我也常亲，我之教常易行；恶人，故人甘于自弃而视我也常仇，我之言益不入①。（《呻吟语·应务》）

【注释】

①言益：即"益言"，就是良言。

【翻译】

古时的人关爱他人的意识多，现今的人厌恶他人的意识多。关爱他人，所以人就容易改正自己的过失，别人看待我时就会常常亲近我，我的教化也就容易推行；厌恶他人，所以人就会甘于自我放弃，而他们在看待我时也会像仇人一样，我的良言也就不会被他们接受。

【解读】

这是针对君子讲的，如果君子能够关爱别人，别人也就容易认识到自己的过错，且心怀感激之情亲近你，这样你就容易推行你的教化；反之，别人不但不会改过，还会把你视为仇人，这样你就没有办法教育他了。这些思想对于今天的教育工作者特别具有启示意义。

【选文】

饥寒痛痒，此我独觉，虽父母不之觉也。衰老病死，此我独当，虽妻子不能代也。自爱自全之道不自留心，将谁赖哉？（《呻吟语·养生》）

【翻译】

饥寒痛痒，只有自己才能感觉到，即使亲生父母也不能察觉。衰老病死，只有自己来承担，即使妻子儿女也不能代替。自爱自全的方法，自己不留心，将依靠什么人呢？

【解读】

饥寒痛痒，父母不能代；衰老病死，妻子不能替。只有自己知道，自己能够把握。这一番话，把自爱自全之道（即养生全身之道）说得明明白白、真真切切。

【选文】

"己欲立而立人，己欲达而达人①"，便是肫肫其仁②，天下一家滋味。然须推及鸟兽，又推及草木，方充得尽。若父子兄弟间便有各自立达、争先求胜的念头，更那顾得别个。（《呻吟语·谈道》）

【注释】

①语出《论语·雍也》。

②肫肫（zhūn）：恳切，真挚。

【翻译】

自己要立身同时又要使他人立身，自己要通达同时要使他人通达，就是与人为善、天下一家的意思。然而，还必须在此基础上将其扩大到禽兽，又推及草木，才算彻底。如果父子兄弟之间有各自树立求达、争先好胜之心，还能顾到其他吗？

【解读】

作者引用"己欲立而立人，己欲达而达人"名句，就是儒家忠恕之道的"忠"，孔子是从积极方面说的，意即一个人自己想有所作为，也要别人有所作为；自己想通达发展，也要让别人通达发展。能够这样推己及人，替别人着想，就是实现仁道的途径。吕坤进一步推己及人，推己及物，把忠道从人类扩大到禽兽、草木，反过来也能够处理好人类内部的伦理关系。这符合儒家以人为本、推人及物的基本思路，是立足于仁爱理想对儒家忠恕之道的发展。

三十二、《颜元集》

《颜元集》收有清初儒家学者颜元现存的全部著作：《四存编》《四书正误》《朱子语类评》《礼文手抄》《习斋记余》《记余遗著》《辟异录》《言行录》《颜习斋先生年谱》《宋史评佚文》等，颜元的主要学术观点尽反映在上述诸书中，是研究颜元学术思想的重要参考资料。

【作者简介】

颜元（1635—1704），原字易直，更字浑然，号习斋，直隶博野县北杨村（今属河北省）人。清初儒家学者、思想家、教育家，颜李学派创始人。年轻时习骑、射、剑、戟，精战守机宜，通医术，又长术数。后一度沉浸程朱理学、陆王心学，中年学术思想发生了根本性的转变，猛烈抨击程朱陆王学说，力主恢复尧舜周孔之道，一生以行医、教学为业，继承和发扬了孔子的教育思想，主张"实学""习动""习行""致用"几方面并重，亦即德育、智育、体育三者并重，主张培养文武兼备、经世致用的人才。弟子众多，其中有记录可查者100多人。

【选文】

吾儒之道，有天地还他个平成①，有父子，还他个慈孝，有民物，还他个仁爱，因物付物，不作自私自利心。释氏全空了不管②，只要自己成个幻觉的性便了，真是贪利行私的；又全无悔意，竭力在那幻妄理上去做，尽力在那幻妄途上去走，则此贪心何时是辍③？
（《颜元集·存人编》）

【注释】

①还（huán）：偿还，交付。

②释氏：因为佛教创始人是释迦牟尼，故称释氏。

③辍：中途停止，废止。

【翻译】

依据我们儒家的"道"，因为有天地，所以才会产生出对天地的根源感、与天地万物为一体的平定、平服的心态；因为有了父子的关系，所以才产生出对亲人的慈爱和孝道；因为有了人类和万物的区别，所以才产生了仁爱，让事物以事物自身的状态存在，就不会产生自私自利的欲望。佛教宣扬世间一切都是虚妄，对世间的事物采取不闻不问，只追求自己心灵上的虚幻的佛性，这真是贪图自私的行为，并且完全没有反省懊悔的意思，尽力地在那虚幻荒诞的理论上去修炼，尽力在那虚幻荒诞的道路上前行，如此下去，这样的贪心自私什么时候才是个尽头啊！

【解读】

明末清初，经世致用的思潮在学界兴起，颜元即领军人物之一。他站在儒家的立场上，用儒家人道为本的文化传统对佛老的虚空荒诞进行激烈的抨击，目的就在于改变人们崇空思辨的习风，引导人们关注现实人生和社会，以儒家仁者爱人的思想处理人与人、人与天地万物的关系。

【选文】

吾之论引蔽习染也①，姑以仁之一端观之②。性之未发则仁，既发则恻隐顺其自然而出。父母则爱之，次有兄弟，又次有夫妻、子孙则爱之，又次有宗族、戚党、乡里、朋友则爱之。其爱兄弟、夫妻、子孙，视父母有别矣，爱宗族、戚党、乡里，视兄弟、夫妻、子孙又有别矣，至于爱百姓又别，爱鸟兽、草木又别矣。此乃天地间自然有此伦类，自然有此仁，自然有此差等，不由人造作，不由人意见。推之义、礼、智，无不皆然，故曰"浑天地间一性善也③"，故曰"无性外之物也"。但气质偏驳者易流，见妻子可爱，反以爱父母者爱之，父母反不爱焉；见鸟兽、草木可爱，反以爱人者爱之，人反不爱焉；是谓贪营、鄙吝。以至贪所爱而弑父弑君，吝所爱而杀身丧国，皆非其爱之罪，误爱之罪也。又不特不仁而已也④。至于爱不获宜而为不义，爱无节文而为无礼，爱昏其明而为不智，皆不误为之也，固非仁之罪也，亦岂恻隐之罪哉？使笃爱于父母，则爱妻子非恶也；使笃爱于人，则爱物非恶也。（《颜元集·存性编》）

【注释】

①引蔽习染：在人性论上，颜元认为人性善，而所谓恶是引蔽习染的结果。去掉引蔽习染，恢复人的善性，正是教育所应起的作用。

②姑：姑且，暂且。

③浑：全，整个。

④特：只，但。

【翻译】

我所要论证的是人容易受到错误的蒙蔽和外界环境的影响，现在仅以"仁"的一个方面来加以考察。人的本性没有表现出来的时候就是仁，如果已经表现出来，那么怜悯之心就会顺着仁的方向自然而然地流露出来。人们就会尊爱自己的父母，其次是爱兄弟，再后是夫妻之间的爱、对子孙的爱，再次又有对宗族、亲戚、乡邻、朋友的爱。人对兄弟、夫妻、子孙的爱与对父母的爱是有差别的，人们对宗族、亲戚、乡邻的爱与对兄弟、夫妻、子孙的爱是有差别的，至于对百姓的爱也是有差别的，对于鸟兽、草木的爱就更有差别了。这就是天地间自然存在的条理次序，自然存在的仁，自然存在的亲疏远近差别，不由人为的造作，也不由人的主观意志来决定。由仁而推向义、礼、智，没有不是自然而然形成的，因此说"在整个天地之间就都是性善而已"，又说"在天性以外再也没有别的事物了"。但气质偏颇不纯的人，这种天性容易流失，因见自己妻子可爱，就会用对待父母的爱去爱她，对父母反而不尊爱了；因见鸟兽、草木可爱，就用对待爱人的爱去爱它们，对人反而不爱了，这就是所谓贪营、鄙吝的人。以致有些人为了得到自己所贪爱的东西就会弑父弑君，会为了吝惜自己所喜爱的东西而杀生丧国，这些并不是他们的爱有什么错，而是错在爱了不应该爱的东西。这不仅仅是不仁那么简单的事。至于说到爱不正当得到的东西，那就是不义；爱而没有礼仪的节制，那就是无礼；爱得使自己迷失方向，那就是不智，这些都是爱了不应该爱的东西的结果，本来不是仁的错，难道是人的恻隐之心出了问题吗？假如深深地尊爱着自己的父母，那么爱自己的妻子和孩子就没有什么错；假如你深深地爱着人类，那么你爱万物也就没什么不对了。

【解读】

从这段话中我们不难看出，作者是在性善论的前提下，认为人的本性就是仁，仁的自然流露就是爱。这种爱是有层次的，是从父母到兄弟，再到夫妻、子孙，再到宗族、亲戚、乡邻、朋友，再到百姓，再到鸟兽草木层层扩展的，这显然就是对孟子的亲亲仁民、仁民爱物的细化。作者强调这一层层扩展的爱的次序就是宇宙自然的秩序，不是人为造作的，也不由人的主观意志来决定。因此，人类必须遵循这样的爱的次序，爱得正确、爱得准确，不要误爱。还要把这样的爱与义、礼、智配合起来，确立人类合情合理的伦理道德秩序，以保障社会的和谐稳定。

【选文】

君子爱人深，恶人浅①；爱人长，恶人短；小人反是。人自信易，令人信之难，令圣贤人信之尤难。故百庸人服之，不如一君子信之也。（《颜元集·颜习斋先生言行录·齐家》）

【注释】

①爱：喜好。恶：讨厌，憎恶。

【翻译】

有道德修养的君子，对别人的爱意深厚，而对别人的恶意较少；喜欢别人的优点，厌恶别人的缺点；没有道德修养的小人则恰恰相反。人自己信自己是很容易的，要让别人相信自己就比较难，而要取信于圣贤就更是难上加难。因此，让一百个平庸的人佩服自己，不如取信于一位君子。

【解读】

这段话在君子与小人的相对意义上讨论君子如何爱人，小人则恰恰相反。君子为人宽厚，他有一颗包容的心，能"爱人之长，恶人之短"，躬自厚而薄责于人，所以受到人们的尊敬信服，这是一种很高的人生境界。

三十三、《孟子字义疏证》

《孟子字义疏证》是清代学者戴震最重要的著作，直到他临终才最后定稿。他从考证训诂而阐发"理""天道""性""才""道""仁义礼智""诚""权"等哲学范畴的根本意义，故名曰"字义疏证"。全书分上、中、下三卷，书末附戴东原答彭绍什书及彭绍什与戴东原书。戴震反对"宋以来儒书之言"，即批判宋明以来程朱理学家对这些概念范畴的诠释以及由此而形成的思想体系，对理学的社会作用也进行了批判，借以阐发自己的思想。他以"气"作为世界的本原，以"道"作为世界万物的基本规律，并对"道"与"理"的范畴进行了区分，把"道"作为万物的基本规律，而把"理"视为"物之质"。戴震从人的自然本性出发，对于人的情欲加以肯定，这是与他的自然天道观一致的。

【作者简介】

戴震（1724—1777），字东原，安徽休宁人。清代儒家学者、思想家、考据学家，乾嘉学派中皖派的代表人物。进士出身，曾任纂修、翰林院庶吉士之职。戴震学识渊博，长于考证，研究领域遍及音韵、训诂、名物、制度、经籍、天文、地理、方志等诸多方面。戴震的学术思想，以他对宋学态度的变化，大体可以40岁为界限，分为前后两个时期：前期虽力倡汉学，但不排斥宋学；后期独标经书新义以力攻宋学。他批判宋儒义理的"凿空"之弊，晚年更对理学进行了有力的批判，是中国古代思想史上的思想大师，启导了近代启蒙思想的曙光。

【选文】

仁者，生生之德也。"民之质矣，日用饮食"①，无非人道所以生生者。一人遂其生，推之而与天下共遂其生②，仁也。（《孟子字

义疏证》卷下）

【注释】

①出自《诗经·小雅·天保》。

②遂：成就，顺利地做到。

【翻译】

所谓仁，就是生生之德。"老百姓的生活本质，也就是日用饮食罢了"，这只不过是人道所以生生不息的缘由。如果一个人顺利地成就了自己的人生，推而广之让天下的所有生命都能够顺利地成就自己，这才是仁啊！

【解读】

"生生"的思想起源于《周易》"日新之谓盛德，生生之谓易""天地之大德曰生"。（《周易·系辞》）这里的"生生"指宇宙万物是一种活泼的、生生不息的强大生命体。理学家对"生生"进行了深入挖掘与拓展，并将宇宙自然中的这种"生生之德"用之于人类精神活动，转化为"终日乾乾"的"仁"。戴震继承了理学家的理论成果，明确地提出"生生之德"就是仁，把生生不息的运行解释成自然与人的共同本质，并把自然观上的生生不息之理贯彻、推广到人性价值观与社会历史方面去，确立人的本质为生生不息，这是戴震对中国哲学的伟大贡献。

三十四、《庭训格言》

《庭训格言》是清康熙皇帝爱新觉罗·玄烨撰，其子雍正皇帝爱新觉罗·胤禛笔述。此书乃雍正八年（1730）胤禛追述其父在日常生活中对诸皇子的训诫而成，共246条，包括读书、修身、为政、待人、敬老、尽孝、驭下以及日常生活中的细微琐事。因为他是给他的儿子们讲的，所以很具体、生动而真实，没有什么客套与虚语。

【作者简介】

康熙（1654—1722），清朝第四位皇帝、清定都北京后第二位皇帝。8岁登基，14岁亲政，在位61年，是中国历史上在位时间最长的皇帝。少年时挫败了权臣鳌拜，成年后先后取得了对三藩、明郑、准噶尔的战争胜利，驱逐沙俄侵略军，以《尼布楚条约》确立中国在黑龙江流域的领土主权，举行"多伦会盟"取代战争，怀柔招抚喀尔喀蒙古。康熙奠定了清朝兴盛的根基，开创了康乾盛世，被后世尊为"千古一帝"。

【选文】

仁者以万物为一体，恻隐之心，触处发现①。故极其量②，则民胞物与③，无所不周。而语其心，则慈祥恺悌④，随感而应。凡有利于人者，则为之；凡有不利于人者，则去之。事无大小，心自无穷，尽我心力，随分各得也。（《庭训格言》）

【注释】

①触处：随处，处处。

②极：穷尽。量：限度。

③民胞物与：北宋张载《西铭》："民吾同胞，物吾与也。"民为同胞，物为同类，意为泛爱一切人与物。

④恺悌（kǎitì）：欢乐相爱。

【翻译】

有仁德的人把万物看作一体，一视同仁，同情心随处都可以发现。所以最大限度地说，他把百姓当作同胞兄弟，把万物都视为同类，仁爱之心遍及天下万物。说到他的心，则是慈祥和乐，随着感情相应而发生。凡是有利于他人的事情，就去做；凡是不利于他人的事情，就放弃它。不论事情的大小，仁爱之心是无穷无尽的，只要尽心尽力去做，照样会有重大的收获。

【解读】

本条庭训教训皇室弟子成为一个有仁爱之心的人，把天地万物看成一个有机的生命体，随处体现出发自天性的同情心。这种同情心就是仁爱的源头，它从孝悌开始，终极是民胞物与。也许我们不一定能够完全做到，但也要保存着一颗仁爱之心，尽心尽力地去做。

【选文】

仁者无不爱。凡爱人爱物，皆爱也。故其所感甚深，所及甚广。在上则人咸戴焉，在下则人咸亲焉。己逸而必念人之劳，己安则必思人之苦。万物一体，痌瘝切身①，斯为德之盛，仁之至。

（《庭训格言》）

【注释】

①痌瘝（tōng guān）：病痛，比喻疾苦。

【翻译】

有仁德的人没有他不关心爱护的。凡是爱人、爱物，都是从内心发出的爱。因此他的感受非常深，他所关爱的对象也非常广。如果他在上位，人们都会拥戴他；如果他在下位，人们都会亲近他。自己生活得安闲时一定不忘记关怀他人的辛劳，自己生活得安乐时一定会挂念他人的苦痛。把天地万物都视为一个生命体，一切人间的疾苦他都感同身受，这就是道德的最高境界，仁爱的极致了。

【解读】

本条庭训教训皇室弟子爱人、爱物。只有把天下万物看成一个有机的生命体，才能感受到天地之间的万物与自己生命的息息相关，这样就会对一切事物都怀有仁爱之心，就能达到道德的最高境界和仁爱的顶点。

三十五、《论语注》

《论语注》是清代康有为给《论语》所作的注解，除有小序外，共包括20卷，逐卷对《论语》进行注疏。注解时往往先解释个别字词的意思，然后引证前代儒学诸家如郑玄、朱熹的注疏阐释句义，再以大量笔墨由此阐发开去，洋洋洒洒，旁征博引，结合现实，发表议论，使得《论语注》成为一部具有很强的现实性、政治性的学术著作。不过，他的议论往往结合时事，有的不免有牵强附会之嫌。

【作者简介】

康有为（1858—1927），原名祖诒，字广厦，号长素，又号更生，广东省南海县（今佛山南海）人，人称康南海。近代著名的政治家、思想家、教育家、诗人。康有为是光绪进士，授工部主事。早年曾受业于广东名儒朱次琦，受到"济人经世"的思想影响，后接触西学。曾多次上书，要求变法，先后组织强学会、圣学会、保国会、保皇会、孔教会，领导戊戌变法。变法失败后，逃往国外，康有为日趋保守落后，反复阐发自己的改良主义思想，坚决反对资产阶级革命。1927年因病逝于青岛，终年70岁。康有为作为晚清社会的活跃分子，在倡导维新运动时，体现了历史前进的方向，但晚年成为复辟运动的精神领袖。

【选文】

仁者，无不爱，而爱同类之人为先。（《论语注·颜渊》）

【翻译】

作为有仁德的人，天地之间没有什么是不爱的，但是爱自己同类的人应该是最优先的。

【解读】

"爱有差等"是儒家一个重要观念，这里大概是把人与天地之间的万物相对应，认为有仁德的人应该广泛地爱天地之间的一切，但是首先还是爱自己的同类——人。如果一个人不能爱人而爱其他东西，如有些人对动物宠爱有加，对邻里乃至对自己的亲人则缺乏爱和同情，这就很成问题了。

【选文】

仁者，人也。二人相偶，心中恻恺，兼爱无私也。（《论语注·述而》）

【翻译】

仁，就是人。两个人在一起，心中充满同情和乐，能够无私地兼相爱。

【解读】

仁者，人也，是说仁是人之为人的根本。传统对"仁"的解释有"相人偶"之说，康有为重视这一说。"相人偶"是汉代的特殊用语，"偶（耦）"有"匹""配""合""对"之意，两人见面相揖为礼，彼此之间互致敬意与问候，表示相亲相敬。这就从人我关系的角度，说明了儒家的仁爱是发自内心的同情和关怀，是对他人的无私广博的大爱。

「仁爱」故事

一、大舜仁孝

据《史记·五帝本纪》记载：舜本姓姚，名重华，号有虞氏，史称虞舜，是传说的五帝之一。历来与尧并称，为传说中的圣王之一。但是他出身的家庭则很不幸，父亲叫瞽叟（gǔ sǒu），是一个不明事理的人，很顽固，对舜非常不好。舜的母亲叫握登，非常贤良，但不幸在舜小时候就过世了，于是父亲再娶。后母酷虐，是个没有妇德之人，很凶狠。生了弟弟象以后，父亲偏爱后母和弟弟。象也狂傲骄纵，对舜打骂虐待是家常便饭，而且三人多次联合起来想害死他。舜却恭顺地行事，孝顺父母，友爱兄弟。他们想杀掉他的时候，就找不到他，而有事要找他的时候，他又总是在身旁侍候着。

舜20岁时，就因为孝顺出了名。30岁时，尧帝问大臣们当今谁可以治理好天下，四岳全都推荐虞舜，说这个人可以，于是尧把两个女儿嫁给了舜，想考察他在家如何处理家庭伦理，还让九个儿子和他共处来考察他在外的为人处事的德行。舜居住在妫水岸边，他在家里做事更加谨慎。尧的两个女儿很讲究为妇之道，不敢因为自己出身高贵就傲慢地对待舜的亲属。尧的九个儿子也更加笃诚忠厚。舜在历山耕作，历山人都能互相推让地界；在雷泽捕鱼，雷泽的人都能推让便于捕鱼的位置；在黄河岸边制作陶器，就完全没有次品了。一年的工夫，他住的地方就成为一个村落，两年后就成为一个小城镇，三年后就变成大都市了。尧看到舜的德行修为所产生的效应，就赐给舜一套细葛布衣服，给他一张琴，为他建造仓库，还赐给他牛和羊。瞽叟为了把这些财物据为己有，仍然想杀他，就让舜爬到高处用泥土修补谷仓，瞽叟却从下面放火焚烧。舜见着火用两个斗笠保护着自己，像长了翅膀一样飞跳下来，逃开了，没有被烧死。后来瞽叟又让舜挖井。舜挖井的时候，在侧壁凿出一条暗道通向外边。等到舜挖到深处，瞽叟和象一起往下倒土填埋水井，而舜则从旁边的暗道逃走了。瞽叟和象很高兴，以为舜已经死了。象说："最初出这个主意的是我。"象跟他的父母一起商量着怎么瓜分舜的财产，说："舜娶过来尧的两个女儿，还有尧赐给他的琴，我都要了。牛羊和谷仓都归父母吧。"象于是住在舜的屋里，弹着舜的琴。舜回来后去看望他，象非常吃惊，马上又装出闷闷不乐的样子，说："我正在想念你呢，想得我好胸闷啊！"舜说："是啊，你真是个好弟弟！"舜还像以前一样孝顺父母，友爱兄弟，而且更加恭谨。因为舜宽厚仁慈、孝敬父母、友爱兄弟，后来被尊为二十四孝之首。

这样，尧经过考察看到舜能够理顺父母、兄弟、夫妻、君臣、朋友五种伦理关系，认为舜已经有德行治理天下，就让舜代行天子之政，到四方去巡视。舜被尧举用掌管政事20年后，尧让他代行天子的政务。当时天下的大水好久都治不好，舜下令处死治水不力的鲧，又举荐鲧之子禹继承父业，治理洪水。舜代行政务八年，尧逝世了。服丧三年完毕，舜让位给丹朱，可是天下人都来归服舜。

最终，舜因为仁和、仁孝、仁爱赢得人心，得到百官尊崇、万民拥戴，登临天子之位。他在位39年，后到南方巡视，在南方苍梧的郊野逝世，被葬在长江南岸的九嶷山，这就是零陵。

二、汤祷桑林

据《吕氏春秋·顺民》、荀悦《申鉴·杂言上》等记载：商汤建国不久，从夏桀就开始的大旱一直延续了七年，旱灾使草木枯死，禾苗不生，庄稼无收，河干井枯，民不聊生，白骨遍野。商汤从一开始就在郊外设坛祭天，祈求天帝早日解除旱灾。直到第七年，商汤见郊祀不起作用，就率群臣来到一个叫桑林的地方，设祭坛祭祀求雨，但仍然没有下雨。商汤就让史官占卜，史官占了一卦说："要解除天下旱灾，必须用活人来祭祀桑林之神，否则上天是不会降雨的。"商汤听了太史的话之后说："我们祭祀求雨是为了天下的百姓，怎么能用活人呢？如果一定要用活人来祭神，那就用我来做祭品吧！"说罢，他便命令左右把祭祀的柴火架起来，他自己开始斋戒，剪去头发指甲，身体披上白茅草，素车白马，到桑林的空地上祈祷说，请上天不要因为我一个人有错误而殃及天下百姓！商汤深感自责，他还以六件事情反省自问："我的政治杂乱无节度吗？臣民有失职责吗？我的宫室太奢侈了吗？我听用妇言弄权乱政吗？天下贿赂的风气盛行吗？毁善害能的人昌盛吗？有这些过咎，都是我成汤才德欠缺、领导无方的关系，祈请上天降罪给我，不要因我的罪过，连累百姓……"商汤的言行感动了上天和百姓，大雨从天而降。

三、网开三面

《吕氏春秋》记载了这样一个故事，有一天，商汤在郊外看见一个猎人四面设网，并祷告说："从天上坠落的，从地上生出的，从四方来的，让它们都坠落到我的网上。"汤说："真这样的话，禽兽就被杀光了。除了桀那样的暴君，谁还会做这种事呢？"汤收起三面的网，只在一面设网，重新教那人祷告说："从前蜘蛛织网，现在人也学着织网。禽兽想向左去的就向左去，想向右去的就向右去，想向高处去的就向高处去，想向低处去的就向低处去，我只捕取那些触犯天命的。"汉水南岸国家的人听说了说道："商汤的仁德遍及禽兽了啊。"于是四十个诸侯国来归顺商汤。有的人放置四面堵牢的网未必能捕到鸟，商汤去掉了三面网，只放置一面，却网罗到了四十个国家的人心。各个部落的首领们听说这件事后都十分感慨，认为商汤不但对人仁爱，对鸟兽也非常仁爱，所以大家对他既尊敬又信赖。

四、古公亶父仁爱惠民

古公亶父原是周族领袖，豳国的国君，也是周文王的祖父。据《尚书大传·略说》记载：古公亶父继位后，以德治国，广施仁义，百姓都非常爱戴他。但当时西北边地的戎狄时常来侵扰豳国。古公亶父召集有名望的老人询问道："这些戎狄想要什么呢？"

老人们说："他们想要粮食财物。"

古公亶父说："那就给他们吧。"

周人给了戎狄许多财物，但他们还侵扰个不停。

古公亶父又请来老人们询问道："这些戎狄还想要什么啊？"

老人们回答说："他们还想要夺取豳国的土地。"

古公亶父说："那就给他们吧。"

老人们说："那您不为国家社稷考虑吗？"

古公亶父说："国家社稷是为老百姓而建立的，不能因为保卫国家社稷而让老百姓打仗大量死亡。"

老人们说："那您纵然不为国家社稷考虑，也不管您的宗庙了吗？"

古公亶父说："宗庙，是我自家私有的，不能因我之私而伤害老百姓啊！"

于是古公亶父带领大家背着行李，赶着牛马，翻过梁山，迁居到岐山脚下。周族的人愿意追随他迁移的有三千辆马车，扶老携幼，来到岐山脚下，一下子就建起了有三千户人口的城邑。其他邻国的人听说了古公亶父的仁爱之心，也都纷纷前来归附。民众都谱歌作乐，歌颂他的功德。

五、虞芮争田

周迁岐后，到了周文王在位，七年后由岐迁丰，在岐下周原主政四十三年，施行仁政，敬重老人，慈爱晚辈，礼贤下士，把国家治理得井井有条，达到了富裕强盛的程度，特别是培育了良好的社会风气，使周国境内耕者让畔，行者让路，道不拾遗，夜不闭户。

据《孔子家语·好生》记载：虞国和芮国是周的两个毗邻的小国，经常为了争夺田地发生冲突，闹了好多年的矛盾。有一回，两国又为了抢地争执不下，他们就相互说："西伯（周文王）是一位仁人，我们何不到他那里让他评判呢？"于是两国国君便结伴去岐山南麓的周原找西伯。他们进入周国的领地后，看到这里种地的农夫竟然互相谦让田地的边界；两个行人在窄路迎面碰上，竟然抢着给对方让路。他们进入城邑后，看到男女分道而行，交通整齐有序；老人们乐呵呵地走在路上，年轻人见了无不行礼让路，抢着帮老人提东西、干重活。两国国君来到西伯的朝堂，西伯本人还没有来，但是朝堂上秩序井然：士人礼敬大夫，大夫礼敬卿相，一派彬彬有礼，和睦相处的景象。虞国和芮国的国君深受感动，他们感慨着互相说道："唉！咱们真是小人啊，不配登上君子的朝廷。回去吧，别在这里丢人现眼啦！"于是，两国国君回国后，各自下令把原来争夺的田地划为"间田"，相互退让，和睦相处。孔子说："从这件事看来，文王的治国之道，难以再超越了。不下命令大家就服从，不用教导大家就听从，这是达到最高境界了。"这件事很快传播到其他诸侯国，他们如果有了什么矛盾都来找周文王评判。这样，周文王虽然只是一个诸侯，但已经是众多诸侯国的道德楷模。

六、周文王恩及枯骨

据刘向《新序·杂事第五》记载：周文王建造灵台，修建池沼的时候，挖地挖出了一具死人骨头，管理修建的官员把这事报告给周文王。文王说："另外找个地方安葬他（骸骨）。"那个官员说："这是无主的尸骨。"文王说："拥有天下的人，就是天下人的主人；拥有一国的人，就是一国的主人。寡人本来就是他的主人，你还到哪儿去找他的主人？"于是叫那位官员备办寿衣棺木给他改葬。天下的人听到这件事，都说："文王真是贤君啊，连朽骨都受到他的恩泽，何况是活着的人呢！"

七、甘棠遗爱

据《史记·燕召公世家》和《诗经·召南·甘棠》记载：周武王灭了殷商，建立了周朝。他死后，传位给儿子周成王。周成王即位时年纪尚幼，幸好有周公、召公两个贤臣辅佐他。他俩都是成王的叔父。周公与召公各有所长，分工合作：周公长于武功，主管军事，领兵平叛，远途东征，开疆辟地，稳定大局；召公主内，处理朝政，行礼乐、施教化，卫戍皇室，处理诉讼，协调诸侯关系，也兼有武功。西周政局初步稳定之后，周召二公便深谋远虑，深知"得中原者得天下"，便筹划将西周的政治经济中心东移，以更好地立足中原，控制四方，巩固政权，谋求发展。于是由召公先期勘察规划，后由周公全权主持营建东都洛邑（今洛阳）。周成王七年（前1036），洛邑建成。这样就形成了西周东西两个政治经济中心，这时周公和召公便议定以东西居中的战略要地陕塬为界，分而治之，陕以东归周公管辖，以西归召公。东西一体，协调发展，并议定周公镇守洛邑，以稳定新区大局；召公长驻镐京，辅佐成王，具体处理朝政。这就是西周历史上有名的周召分陕而治。

召公治陕能体恤民情，勤政爱民，常深入基层察访，向老百姓问政，直接为百姓解决实际问题。他到基层时每每轻车简从，宁劳一身而不劳百姓，拒绝官吏盛情款待，宁愿吃粗茶淡饭，住简陋房屋。有一次，召公到他的分地召地（位于今陕西岐山西南）去办公。当时天气炎热，召公就在一棵甘棠树下搭草棚办公、住宿。召公为了工作在当地待了不少天，处理各种事务，公道正派，和蔼可亲，百姓非常感动，发自内心敬仰他，于是就编了首民歌，抒发他们的敬佩爱戴之情。这首歌后来被收录到了《诗经》之中，篇名为《召南·甘棠》，歌词是："蔽芾甘棠，勿剪勿伐，召伯所茇。蔽芾甘棠，勿剪勿败，召伯所憩。蔽芾甘棠，勿剪勿拜，召伯所说。"意思是：繁茂的甘棠树呀，不要剪伐它，召伯在这里住过。繁茂的甘棠树啊，不要弯折它，召伯在这里休息过。繁茂的甘棠树啊，不要毁坏它，这里是召伯教化百姓的场所。后来就有了"甘棠遗爱"这个成语，指的就是对离去之人的怀念，或赞颂离任官员的政绩。

八、宰我不孝不仁

据《论语·阳货篇》记载：宰我（名予）曾跟孔子讨论三年之丧的礼仪问题，宰我说："父母死了要守丧三年，从上古行到现在，很古老了。三年什么都不能动，结果什么都坏了，像稻谷一样，旧的割掉了，新的又长起来，钻燧改火，时令也改变了，岁月换了，我看守丧一年就够了。"孔子说："父母去世一年后就吃稻米饭，穿锦衣，你于心安吗？"宰我说："心安。"孔子说："你心安就那样去做吧！一个君子，父母去世了，在守丧期间，内心悲愁,吃美味不觉得甘美,听音乐不觉得快乐,日常生活都觉得不安生,所以三年之中,没有礼乐。我现在问你一年能不能心安,你说能心安,那你去做好了,不必要提倡改为一年。"宰我出去后,孔子就对其他同学说:"宰予真是不仁啊!孩子生下来长到三岁,然后才离开父母的怀抱。父母老了,孩子守三年丧期,这是天下通行的丧礼。宰予对他的父母有三年的敬爱之情吗?"孔子之所以批评宰我"不仁",原因就在于其泯灭了"亲亲"之情。

九、孔子马棚失火

据《论语·乡党》记载:有一次,孔子的马棚失火。孔子上朝回来,问:"伤人了吗?"门人回答说:"没有。"孔子再问马怎么样。孔子以人为本,重视人的生命价值,但也不是不关心动物的生命,只不过在人与动物之间比较起来首先是关怀人,其次是关怀动物。这就是儒家的等差之爱。

十、孔子葬狗

据《孔子家语·曲礼子夏问》记载:孔子家的一条看门狗死

了，孔子让他的学生子贡去帮他埋葬，并叮嘱道："马死了按照一般的做法，是用旧的帷幕把它包起来埋葬的，狗死后是用旧的车盖把它覆盖着埋葬掉。为什么人家旧的帷幕不扔掉，旧的车盖也不扔掉呢？他们是要给这些动物预备着的。现在我贫困不堪，连个旧的车盖也没有，你一定弄一张旧席子，把它好好裹起来，不要让它的头被泥土弄脏了。"孔子这样近乎庄重地安排学生埋一条死去的看家狗，而不像人们通常所做的那样，食其肉，寝其皮，或随便弃之荒野，任野兽撕食，原因是孔子一生推行仁德，其所思所行，无不以"仁"为出发点和最终归宿。

十一、君子学道则爱人

据《论语·阳货》记载：孔子有一次到武城去看他的学生子游，当时子游为武城的长官，用礼乐教化百姓，所以老百姓喜欢弹琴唱歌。孔子一入城邑，就听到弹琴唱歌的声音，便微笑着对子游说："杀鸡哪里用得着宰牛刀呢？"子游回答道："以前我听老师说过，'君子学了礼乐就会爱人，小人学了礼乐就容易听使唤'。"孔子说："弟子们，子游的话是对的。我刚才讲的话不过是开玩笑罢了。"孔子用"杀鸡焉用牛刀"这个比喻说明治理武城这么一个小地方何必用礼乐大道，是说子游有点治小用大。但孔子并没有否定子游的意思，最后他还是肯定子游是对的。因为孔子把礼乐之治看得非常高，他一生梦寐以求的就是实现西周那样礼乐文明的社会秩序。但他深知，礼乐的内在精神就是仁爱，君子学了礼乐就会爱人，所以礼乐之治的实质是仁政爱民。

十二、宓不齐仁爱百姓

据《孔子家语·弟子篇》记载：孔子有个学生叫宓（fú）不齐，鲁国人，字子贱，比孔子小49岁，他注重道德修养，有君子之德。宓不齐担任单父地方的官员，有才智，仁爱百姓而不欺侮他们，这很符合孔子的政治理想，因此孔子对他大加赞赏。孔子强调"为政以德"，此"德"即是"仁德"，其实质内涵就是"爱人"，体现在政治上就是"仁政"。宓不齐作为孔子的弟子，继承孔子的思想，将仁爱精神贯彻于政治生活中。

十三、智者寿？仁者寿？

据《孔子家语·五仪解第七》记载：有一次，鲁哀公向孔子请教，问："先生，是聪明有才智的人比较长寿，还是心地仁慈、厚道的人比较长寿呢？"孔子回答道："是这样的。人有三种死，第一，并不是他寿命到了，而是自己折损掉的。比如起居没有定时，饮食没有节制，时常让身体过度疲劳或无限度地放逸。这些都是因自己不懂得爱惜身体，使身体受到损伤，这样，疾病就可以夺去他的性命。第二，居下位的人无视君王，以下犯上；对于自己的嗜好欲望，不肯节制，贪求无厌。这样，刑罚也能夺去他的寿命。第三，己方人少却去冒犯人多的；自己弱小，却还要去欺辱强大；愤怒时不懂得克制自己，意气用事；或者不自量力，不计后果地行动。这样，刀兵战事就可以让他夭折。像这三种情况：病杀、刑杀、兵杀，是死于非命，也是咎由自取的。而仁人廉士，他们行动有节，合乎道义，喜怒适时，立身行事有操守，懂得培养自己高尚的性情，他们得享长寿，不也是合乎道理的吗？"

十四、子路行仁义

据《韩非子·外储说右上》《说苑·臣术》记载：季孙氏担任鲁国的宰相，权势很大，子路担任郈（hòu）这个地方的地方长官。鲁国在五月份的时候召集民众来修筑河道。这时，孔子的弟子子路觉得他们做工很辛苦，就拿出自己的俸粮做成稀饭，邀请修筑河道的民工到五父路上来吃。

孔子听说此事，就让人把饭倒掉了，还毁坏了做饭、吃饭的器具，说："这些民众是属于鲁君的，你为何要给他们饭吃？"

子路勃然大怒，握拳露臂走进来，质问老师说："先生憎恨我施行仁义吗？从先生那里学到的，就是仁义；所谓仁义，就是与天下的人共同享有自己的东西，共同分享自己的利益。现在用我自己的俸粮做了饭让百姓吃，先生却认为不行，究竟是为什么呢？"

孔子说："子路你太粗野啦！我以为你懂得，你竟然还不明白。你原来是这么不懂得礼！你给百姓做饭，是出于对他们的仁爱。但是，按礼来说，天子爱天下的百姓，诸侯爱国境内的百姓，大夫爱官职所辖的下属，士人爱自己的家人。爱超过了应有的范围，就冒犯了他人的利益。现在对于鲁君统治下的民众，你侵夺国君爱百姓的权限，不也属胆大妄为吗！你认为前来做工的民工饥饿，为什么不告诉国君，然后让国君从国家粮仓里拿出粮食给百姓吃，你却拿你自己的俸禄私自向老百姓示好呢？这说明你不知道使人们得到国君的恩惠，却只表现你自己的仁义。快快停止还可能无事，否则，你的罪过恐怕就临头了。"

话还没说完，季孙的使者就到了。季孙氏名叫肥，使者责备孔子道："肥召集百姓前来修筑河道，先生却让弟子停止他们的工作吃饭，难道是想要把我肥的百姓拉拢过去吗？"

子路听了大惊失色，待使者一离开，孔子立即收拾行李驾车离开了鲁国。

十五、子路行孝

据《荀子·子道》记载：有一天子路问孔子："这里有一个人，夙兴夜寐，又是耕耘，又是种植树木庄稼，手脚都磨起了茧子，用收成来养活他的双亲，但是，却没有人说他孝敬，为什么呢？"

孔子说："想来大概是他的一举一动对父母没有敬意吧？跟父母说话的时候不谦让吧？表情也不温顺吧？古人有句话说：'给我衣服穿，给我粮食吃，却不一定是能依赖的人。'"

孔子又说："仲由，记住吧！我告诉你。即使有了全国闻名的大力士的力气，也不能自己举起自己的身体。这不是没有力气，而是客观情势不许可。所以，君子在家里不修养自己的德行，这是自身的罪过；自己修养好了，在外却不能声名远扬，那是朋友的过错。所以，君子平时在家就踏踏实实地修养德行，出门在外的时候就与贤人为友。如果能够做到这样的话，怎么会没有孝顺的名声呢？"

子路恭敬称是。

十六、齐景公死马杀人

春秋时期，齐国的国君齐景公有一匹心爱的马，交给养马的官吏看养，并且嘱咐他要好好照料马儿。谁想有一天，马突然得暴病死了，连养马人都不知是怎么回事。

齐景公得知后，十分伤心，同时也很生气，下令把养马的人抓来肢解。

这时齐相晏婴正好侍立于旁，众大臣见君王暴怒，不知怎么办。听齐景公一声令下后，左右的侍卫便要前去抓养马的人。晏婴见了，马上站了出来，示意侍卫暂且住手，他问齐景公："君上，肢解人也须有个方法步骤，但不知古圣尧舜肢解人，是先从哪儿下手的啊？"

正在愤怒的景公一听，内心有所触动，想想尧舜是一代圣王，爱民如子，怎么会肢解人？自己如今这样做，怕与圣贤背道而驰，反与桀纣为伍了，便命令侍卫退下。

可景公余怒未消，仍然下令说："那就不肢解罢，将他交付牢狱，处以死刑吧。"

晏婴听了，并没有再阻止，只是向景公作礼问道："君王，此人真是罪大莫及，只可惜他还不知道为什么要被处死，恐怕会死不瞑目。不如让微臣替君王将他的罪状一一说明，也叫他知道自己所犯之罪，然后再交狱史执行，好让他死得甘心，您觉得可以吗？"

齐景公一听，觉得晏婴的话也不错，便答应了。

晏婴于是上前，当着众臣之面，"教训"起养马的人来："你犯有三条大罪。第一条，君王让你养马，结果你不小心，把马养死了，等于你杀了马，应当判你死刑。第二条，死的马是君王最爱的马，应当判处死刑。第三条，君王因为一匹马就杀人，让全国的百姓听说此事，必定会因此埋怨君王爱马胜于爱人；诸侯如果听说此事，必定会轻视我们的国家。但是追究原因，只是由于你把君王的马养死了，最后竟让百姓生怨，兵力削弱于邻国，更应当判处死刑。交付狱吏，执行死刑吧！"

齐景公在座上听后，不禁惊出一身冷汗，条条都不足以判养马者死刑，不由得喟然长叹，对晏婴说道："先生您就开释他吧，开释他吧！无论如何，也不能因此伤了我的仁德啊！"

十七、晏婴以仁谏君

据《晏子春秋·内篇谏上》记载：齐景公在位的时候，有一年冬天特别寒冷，雨夹雪一连下了三天三夜还不见晴。景公披着白狐狸皮做的袍子，坐在火炉旁。他想，如果这雪再下三天三夜，雪景一定更为壮观。这时晏婴进来拜见景公，在他旁边侍立了一会儿。景公说："奇怪！雨雪一连下了三天而天气却不冷。"晏婴看看外面，再看看他身上的皮袄，又看看烧得旺旺的炉火，反问他说："天气真的不冷吗？"景公点头笑了起来。晏婴说："我听说古时候的贤明君主，自己吃饱了而且知道他人的饥饿，自己穿暖了而且知道他人的寒冷，自己安乐了而且知道他人的劳苦。可惜，现在的君主远不如他们啊！"景公明白了晏婴的意思，说："讲得好！讲得好！"便命令人发放衣服和粮食给挨饿受冻的人。命令说：在路上见到的，不必问他们是哪乡的；在里巷见到的，不必问他们是哪家的；巡视全国并统计数字，不必记他们的姓名。已任职的士人发给他们两个月的粮食，病困的人发给他们两年的粮食。孔子听到后说："晏子能阐明他的愿望，景公能实行他认识到的德政。"晏婴善谏，激发了齐景公的恻隐之心。

十八、仁德与守礼

《韩诗外传》卷九记载：有一次齐景公纵酒，喝得酩酊大醉，卸下官帽，脱下官服，弹琴自娱，环顾左右对大臣说："有仁德的人也会这样尽情享受吗？"左右的大臣说："有仁德的人也是人，也有喜欢听乐音的耳朵，看美色的眼睛，为何不能尽情享受呢？"齐景公说："那好吧，把车叫来，咱们找晏大夫一块儿乐呵乐呵。"晏婴听到了，穿上朝服来了。齐景公说："今天我这番娱乐，是要与您一块儿享受的。您不要讲究什么礼仪形式了。"晏婴郑重回答说："您这话不对啊！您想想，咱们齐国五尺以上的大男人，谁的力气都比我和您大，但他们之所以不敢作乱，是敬畏礼仪啊。因此，天子没有礼仪就不能守住天下社稷，诸侯没有礼仪就不能守住自己的国家。在上者没有礼仪就不能役使下臣，下臣没有礼仪就不能侍奉上级。大夫没有礼仪就不能治理他的家族，兄弟姐妹之间没有礼仪就不能在一块儿生活。人如果没有礼仪还不如早点死去。"齐景公听了晏婴这番话，脸上露出了羞愧之色，站起来对晏婴表示感谢说："寡人没有仁德啊，左右大臣也不劝谏寡人，让寡人沉湎于酒色。请让我杀了左右大臣来弥补他们的过错。"晏婴说："您的左右大臣没有过错。如果您喜好礼仪，那么有礼仪的人就来了，没有礼仪的人就离开了。如果您厌恶礼仪，那么没有礼仪的人就来了，有礼仪的人就离开了。这关键是您自己的原因，左右大臣有什么罪呢？"齐景公说："您说得太好了！"于是换了衣服，正襟危坐，以礼行酒三巡。

十九、仁者无敌

据《孟子·梁惠王上》载：有一次梁惠王向孟子请教如何为政，他问孟子："魏国曾一度在天下称强，这是您知道的。可是到了我这一代，东边被齐国打败，连我的大儿子都死掉了；西边丧失了七百里土地给秦国；南边又受楚国的侮辱。我为这些事感到非常羞耻，希望替所有的死难者报仇雪恨，我要怎样做才行呢？"孟子回答说："只要有方圆一百里的土地就可以使天下归服。大王如果对老百姓施行仁政，减免刑罚，少收赋税，深耕细作，及时除草；让身强力壮的人抽出时间修养孝顺、尊敬、忠诚、守信的品德，在家侍奉父母兄长，出门尊敬长辈上级。这样就是让他们用木棒也可以打击那些拥有坚实的盔甲和锐利的刀枪的秦楚军队了。因为秦国、楚国的执政者剥夺了老百姓的生产时间，使他们不能够深耕细作来赡养父母。父母受冻挨饿，兄弟妻子东离西散。他们使老百姓陷入深渊之中，大王去征伐他们，有谁来和您抵抗呢？所以说：'施行仁政的人是无敌于天下的。'大王请不要疑虑！"

二十、君子远庖厨

据《孟子·梁惠王上》载：有一次齐宣王问孟子："齐桓公、晋文公在春秋时代称霸的事情，您可以讲给我听听吗？"孟子回答说："孔子的学生没有谈论齐桓公、晋文公称霸之事，所以没有传到后代，我也没有听说过。大王如果一定要我说，那我就说说用道德来统一天下的王道吧。"齐宣王问："用道德怎样可以统一天下呢？"孟子说："一切为了让老百姓安居乐业。这样去统一天下，就没有谁能够阻挡。"齐宣王说："像我这样的人能够让老百姓安居乐业吗？"孟子说："能。"齐宣王说："凭什么知道我能呢？"

孟子说："胡龁曾告诉过我一件事，说大王您有一天坐在大殿上，有人牵着牛从殿下走过，您看到了，便问：'把牛牵到哪里去？'牵牛的人回答：'准备杀了取血祭钟。'您便说：'放了它吧！我不忍心看到它那害怕得发抖的样子，就像毫无罪过却被判处死刑一样。'牵牛的人问：'那就不祭钟了吗？'您说：'怎么可以不祭钟呢？用羊来代替牛吧！'不知道有没有这件事？"

齐宣王说："是有这件事。"孟子说："大王您有这样的仁心就可以统一天下了。老百姓听说这件事后都认为您是吝啬，我却知道您不是吝啬，而是因为不忍心。"

齐宣王说："是，有的老百姓确实这样认为。不过，我们齐国虽然不大，但我怎么会吝啬到舍不得一头牛呢？我实在是不忍心看到它害怕得发抖的样子，就像毫无罪过却被判处死刑一样，所以用羊来代替它。"

孟子说："大王也不要责怪老百姓认为您吝啬。他们只看到您用小的羊去代替大的牛，哪里知道其中的深意呢？何况，大王如果可怜它毫无罪过却被宰杀，那牛和羊又有什么区别呢？"

齐宣王笑着说："是啊，这一点连我自己也不知道。我的确不是吝啬钱财才用羊去代替牛的，不过，老百姓这样认为，的确也有他们的道理。"

孟子说："没有关系。大王这种不忍心正是仁慈的表现，只因为您当时亲眼见到牛而没有见到羊。君子对于飞禽走兽，见到它们活着，便不忍心见到它们死去；听到它们哀叫，便不忍心吃它们的肉。所以，君子总是远离厨房。"

二十一、亲仁善邻，国之宝也

据《左传·僖公十四年》记载：春秋时，晋国发生灾荒，请求向秦国买粮，大臣百里奚赞同卖粮，秦国给晋国支援了大批粮食，使晋国渡过了灾荒。第二年，秦国发生灾荒，向晋国求援，晋国不肯帮助，大臣庆郑劝谏晋惠公："背弃对自己有过恩惠的人，就会再无亲人；幸灾乐祸就是不仁；贪求所爱之物，就是不祥；使邻人怨怒，就是不义。这四种道德都丢掉了，用什么来保卫国家？"晋惠公不听。庆郑退下来说："国君要后悔的！"消息传到秦穆公那里，秦穆公非常生气，便先发制人，带着四百辆战车，东出崤山，浩浩荡荡杀奔晋国而来！晋惠公也准备充分，严阵以待，发战车六百辆，西出黄河，耀武扬威，挺兵相拒！两国终于反目为仇，挥戈相向。《左传·隐公六年》说："亲仁善邻，国之宝也。"相反，见难不救、幸灾乐祸则为不仁。

二十二、秦穆公亡马

据《韩诗外传》卷十、《说苑》卷六记载：秦穆公曾经外出王宫而丢失了自己心爱的骏马，他亲自去找，找了三天，最后在岐山南面看见一伙乡野鄙夫已经把自己的马杀了，还正在一起分吃马肉。秦穆公对他们说："这是我的骏马。"这些人都惊恐地站起来。秦穆公说："我听说吃骏马的肉，如果不喝酒的话，人会死的。"于是秦穆公叫人送来几坛美酒，送给他们畅饮一番，然后没有追究他们就离开了。三年后，秦晋之间发生大战，秦穆公孤军深入，被晋军团团围住。在这千钧一发的时刻，不知从何处冒出一支三百人左右的敢死队，他们原来是当年吃了秦穆公骏马、喝了秦穆公美酒的人，他们说："亡马的君王有仁心，能爱人，不能让他死。"他们个个骁勇善战，很快就把包围圈冲击得七零八落。秦穆公得人相助，化险为夷，并迅速组织力量反击，反倒活捉了晋惠公。这就是给了别人恩惠而得到福报的故事。

二十三、邾迁于绎

邾迁于绎是指春秋时期小国邾国迁都之事。邾国是子爵国，史称邾子国，是鲁国的一个附属国。据《左传·文公十三年》记载：邾国在邾文公在位期间，政治清明。邾文公是一位贤明的君主。公元前614年，鉴于鲁国不断征伐侵扰邾国，邾文公准备把国都从平原地区迁到地处山区的绎（今山东邹城东南）。当时的制度规定，国家在做出重大的决策前要占卜以问吉凶，而邾国史官对迁都的占卜结果是"利于民而不利于君"。对此邾文公说:"苟利于民,孤之利也。天生民而树之君,以利之也。民既利矣,孤必与焉。"意思是说,如果迁都有利于民众,那么也就有利于我。上天生育了民众然后为他们树立了国君,国君归根结底是为民众的利益着想。民众得利,实际上就是我得利。遂毅然决定迁都。群臣们劝谏说:还是不迁都为好,这样国君您可以获得长寿。邾文公却回答说:"命在养民。死之短长,时也。民苟利矣,迁也,吉莫如之!"意思是说,上天立君,就是为了替民谋利,至于我的生命的长短,与时命有关。如果迁都对民众有利,这就是一件非常吉利的事情!最终邾国的国都还是迁到了绎地。不久,邾文公真的病死了,这虽是巧合,时人却纷纷赞誉邾文公的贤良。因为邾文公能把百姓的利益放在个人利益之前,只要对百姓有利,即使有可能影响他的生命也在所不惜,在当时是难能可贵的。邾国迁都之后,减轻了战乱威胁,经济得到了迅速发展。

二十四、吴起爱兵如子

吴起是战国初期著名的军事家。《史记·孙子吴起列传》这样记载他的事迹:吴起做主将,跟最下等的士兵穿一样的衣服,吃一样的伙食,睡觉不铺垫褥,行军不乘车骑马,亲自背负着捆扎好的粮食和士兵们同甘共苦。

有一次，他率军进攻中山（今河北定州），军中有一个士卒身上长了毒疮，疼痛难忍。吴起看到眼里，急在心上，他知道如果毒疮里的脓血排不出来，这个士卒的病就好不了，为了解除士卒的痛苦，吴起不顾毒疮脏臭，亲自用口为士卒吮脓血，使士卒的生命得以挽救。那位小兵见大将军竟然如此对待自己，感动得热泪盈眶，说不出一句话。其他士兵们看了，也深受感动。正因为吴起如此善待士兵，所以士兵们个个英勇善战。

二十五、刘邦约法三章得天下

公元前206年，刘邦率领大军攻入关中，到达离秦都咸阳只有几十里路的灞。子婴在仅当了46天的秦王后，便向刘邦投降。将领们有的说应该杀掉子婴。刘邦说："当初怀王派我攻关中，就是认为我能宽厚容人；再说人家已经投降了，又杀掉人家，这么做不吉利。"于是把子婴交给主管官吏，就率领军队向西进入秦都咸阳城。

刘邦进咸阳后，本想住在豪华的王宫里，但他的心腹樊哙和张良告诫他不要这样做，免得丧失人心。刘邦接受他们的意见，下令封闭王宫，只留下少数士兵保护王宫和藏有大量财宝的库房，然后退回来驻扎在灞。为了取得民心，刘邦把关中各县父老和有才德有名望的人请来，对他们说："父老们苦于秦朝的苛虐法令已经很久了，批评朝政得失的要灭族，相聚谈话的要处以死刑，我和诸侯们约定，谁首先进入关中就在这里做王，所以我应当做关中王。现在我和父老们约定，法律只有三条：杀人者处死刑，伤人者和抢劫者依法治罪。凡是秦朝的法律全部废除。所有官吏和百姓都像往常一样，安居乐业。总之，我到这里来，就是要为父老们除害，不会对你们有任何侵害，请不要害怕！再说，我之所以把军队撤回灞上，是想等着各路诸侯到来，共同制定一个规约。"刘邦随即派人和秦朝的官吏一起到各县镇乡村去巡视，向民众讲明情况。秦地的百姓听了，都热烈拥护，纷纷取了牛羊酒食来慰劳刘邦的军队。而刘邦推让不肯接受，说："仓库里的粮食不少，并不缺乏，不想让大家破费。"人们更加高兴，唯恐沛公不在关中做王。

由于坚决执行约法三章，刘邦得到了百姓的信任、拥护和支持，最后取得天下，建立了西汉王朝。

二十六、汉文帝宽厚仁爱

据《史记·孝文本纪》记载：刘恒是汉高祖刘邦的第四子，早年被封为代王。当刘邦逝世、吕后发动宫廷政变，刘、吕两大团体权力纷争的时候，刘恒的母亲薄氏带着幼小的刘恒离开宫廷这一是非之地，来到远离京城的代王封地。薄氏知书达理，深明大义，教刘恒诵读《诗》《书》等儒家经典，修身养性。

吕后驾崩，周勃、陈平率刘氏集团剿灭了吕氏全族，经过对刘氏集团人才的考察，最后决议拥立代王刘恒为帝。刘恒即位时，汉朝国力还很弱，大夫以下只有牛车可坐。他施行仁政，使天下大治。有几件事能够体现他的宽厚仁爱。

第一，刘恒被称为孝心皇帝，从小就奉行孝道。刘恒被封为代王时，生母薄太后跟随他住在一起。刘恒与母亲感情深厚，尽心侍奉母亲，尽力让她感到快乐和满足。刘恒登基为帝后，薄氏连续三年都卧病在床，刘恒不顾自己帝王的身份，常常目不交睫，衣不解带，亲自侍奉母亲。母亲所服的汤药，他总要亲口尝过后，冷热相宜才放心让母亲服用。

第二，废除连坐法。刘恒认为犯罪的人已经治罪，再定他们无罪的父母、妻子、儿女和兄弟的罪，或是将他们收为奴婢的做法不可取。他认为法令公正百姓就忠厚，判罪得当百姓就心服。治理百姓引导他们向善，要靠官吏。如果既不能引导百姓向善，又使用不公正的法令处罚他们，这样反倒是加害于民而使他们去干凶暴的事，不能禁止犯罪。

第三，废除肉刑。齐国一位曾经做过太仓令的人淳于意犯了罪，应该受刑，朝廷下诏逮捕，并把他押解到长安拘禁。淳于意的小女儿缇萦跟随父亲来到长安，向朝廷上书，自己愿意被官府收为奴婢，来抵父亲之罪。刘恒怜悯缇萦的孝心，因此也废除了肉刑。

第四，以德报怨。南越王尉佗自立为帝，刘恒却把他的兄弟召来，使他们显贵，报之以德。尉佗于是取消了帝号，向汉朝称臣。

第五，丧葬从简。刘恒在未央宫逝世，去世前下达遗诏，诏令全国官吏和百姓，诏令到达后，哭吊三日就除去丧服。不要禁止娶妻、嫁女、祭祀、饮酒、吃肉。应当参加丧事、服丧哭祭的人，都不要赤脚。服丧的麻带宽度不要超过三寸，不要陈列车驾和兵器，不要动员民间男女到宫殿来哭祭。宫中应当哭祭的人，都在早上和晚上各哭十五声，行礼完毕就停止。不是早晚哭祭的时间，不准擅自哭泣。下葬以后，按丧服制度应服丧九个月的大功只服十五日，应服丧五个月的小功只服十四日，应服丧三个月的缌麻只服七日，期满就脱去丧服。其他不在此令中的事宜，都参照此令办理。后宫夫人以下直至少使，全都让她们回娘家。

因为刘恒从小就深受儒家仁爱思想的陶冶，继位后能够以仁政治国，以孝治天下，轻徭薄赋，与民休息，节俭敦朴，厚养薄葬，所以得到了众臣和人民的衷心拥戴，饱受战乱的国家逐渐走向兴旺繁荣，一派升平景象，与其后的汉景帝一起开创了"文景之治"的盛世。

二十七、缇萦救父

据《史记·孝文本纪》记载：汉文帝时，有个读书人叫淳于意，此人刚直不阿，不愿与腐败的官僚为伍，辞了太仓令的官，做起了济世救人的医生。他医术高明，但有一次看病疏漏，得罪了一位有权势的人，那人告他误诊害死人命。按当时的法律，淳于意当判"肉刑"。这是一种非常残酷的刑罚，或脸上刺字，或割去鼻子，或砍去左右足。淳于意没有儿子，只有五个女儿。他被捕临行时，骂女儿们说："生孩子不生儿子，遇到紧急情况，就没有用处了！"他的小女儿缇萦（tí yíng）伤心地哭了。她自告奋勇要解救父难，即随父到首都长安，托人写了一封奏章，到宫门口通过守门人寄给汉文帝刘恒。奏章写道："我叫缇萦，是太仓令淳于意的小女儿。我父亲做官的时候，齐地的人都称赞他廉洁公平。这回一时疏忽，犯了罪，要被判处肉刑。我哀伤的是，受了死刑的人不能再活过来，受了肉刑的人肢体断了不能再接起来，虽想走改过自新之路，也没有办法了。我愿意被收入官府做奴婢，来抵父亲的受刑之罪，使他能够改过自新。"

汉文帝看了这封奏章，被这位小姑娘的孝心和勇敢所感动，就下诏说："听说在有虞氏的时候，只是在罪犯的衣帽上画上特别的图形或颜色，给罪犯穿上有特定标志的衣服，以此来羞辱他们，这样，民众就不犯法了。为什么能这样呢？因为当时政治清明到了极点。如今法令中有刺面、割鼻、断足三种肉刑，可是犯法的事仍然不能禁止，过失出在哪儿呢？不就是因为我道德不厚、教化不明吗？我自己感到很惭愧。训导的方法不完善，愚昧的百姓就会走上犯罪之路。《诗经》上说：'平易近人的官员，才是百姓的父母。'现在人犯了过错，还没施以教育就加以刑罚，那么有人想改过从善也就没有机会了。我很怜悯他们。施用刑罚以致割断犯人的肢体，刻伤犯人的肌肤，终身不能长好，多么令人痛苦而又不合道德呀，作为百姓的父母，这样做，难道合乎天下父母心吗？应该废除肉刑。"汉文帝便召集大臣发布命令，废除了残忍的肉刑。缇萦救父美名扬，刘恒的仁德也随之传于四海。

二十八、汲黯放粮救民

据《史记·汲郑列传》记载：西汉初年，有一位贤良刚直的大臣，名叫汲黯，字长孺，濮阳县人。他出身名门，祖先曾受古卫国国君恩宠。到他已是第七代，代代都在朝中荣任卿、大夫之职。他个性刚正率真，为人严正，让人既敬且畏。

孝景帝时，由父亲保举，汲黯当了太子洗马。景帝死后，太子继位，任命他做谒者之官。东越的闽越人和瓯越人发生攻战，皇上派汲黯前往视察。他未到达东越，行至吴县便折返而归，禀报说："东越人相攻，是当地民俗本来就如此好斗，不值得烦劳天子的使臣去过问。"

有一次，河内郡发生严重的火灾，烧毁了千余户人家的房屋，惊动了汉武帝。汉武帝任命汲黯为使臣，前往灾区视察。汲黯抵达河内郡后，考察了火灾现场，得知火灾是由一户人家失火引起，继而祸及千余户人家。火灾固然严重，但汲黯在当地发现了比火灾更严重的灾害——河内郡近年来水旱不均，大片土地颗粒无收，上万户人家缺粮少食，饿死的百姓不计其数。汲黯觉得事态紧急，若向朝廷禀报后再对百姓施以援手就太晚了，便自作主张，持着天子的符节下令开仓放粮，赈济灾民。当地老百姓闻讯，欢声雷动。

汲黯回到京城后，如实地禀报了私自开仓放粮赈灾的事情，并请求汉武帝治他"矫制"之罪。汉武帝听了汲黯的禀告，认为他是一个关心百姓疾苦、认真负责而又敢作敢为的贤臣，其魄力和勇气令人敬佩，便赦免了他的罪过，还任命他为荥阳令。汲黯托病不就，汉武帝爱惜人才，便改封他为中大夫。

二十九、文翁仁爱好教化

据《汉书·文翁传》记载：西汉时有位文翁，是庐江舒县（今安徽庐江）人。他从小喜欢念书，长大后进官府做事，景帝末年官拜蜀郡郡守，到四川去上任。当时，蜀地文化教育落后，民风野蛮。他心怀仁爱，决心通过教化把蜀郡变成有文化、有涵养的文明之地。

文翁做的第一件事，是从蜀郡及下辖各县的小吏中选拔了十几个天资聪颖、乐意读书的年轻人，把他们送到长安，跟着京城的学者们学习。他们有的向五经博士学习儒家经典，有的跟着行政官员学习律令。文翁则在蜀地做好这批学生的后勤保障工作，还为此削减了蜀郡的行政开销，把省下来的钱跟蜀地特产一起送到京师，交给导师们，作为蜀郡学生的培养费用。几年以后，这第一批学生回到四川，一个个都得到文翁的重用。他们中的不少人因为政绩突出，后来担任郡守、刺史等重要官职。

可是去京城的名额毕竟有限，不可能满足大量培养人才的需要，所以文翁又有了第二项创举，就是在蜀郡首府成都开办官学。

文翁规定，凡进官学求学的蜀郡子弟，可以免除徭役；学成毕业后，根据考核成绩确定留用去向，成绩好的可以在郡县机关当官吏，成绩差些的可以做乡官。规定一出，不少蜀郡子弟跃跃欲试，可也有很多人持观望态度——读书真的就那么管用么？他们决定看看再说。第一年招到的学生不太多。文翁对这些到官学读书的后生们寄予厚望。他平常办公的时候，经常找一些官学学子在一旁观摩实习；到郡县视察的时候，也总是挑一些官学子弟随同前往。这些学生们到了基层，就帮助文翁宣谕政令、走访百姓，发挥了重要的作用。蜀郡的老百姓渐渐地感到在官学里读书是件特别光荣的事，报名学习的人越来越多。没几年的工夫，进官学的竞争已经相当激烈，有些富人还想办法花钱让孩子去念书。

文翁的这些举措使蜀地的风气发生了天翻地覆的变化。人们乐意读书，仰慕文雅，在京师求学的蜀人数量跟齐鲁不相上下。后来，汉武帝把文翁的经验推广到全国，各地郡国都设立了自己的官学。文翁最后死在了四川任上。四川官民为了纪念他对蜀地发展做出的贡献，凑钱为他修造了祠堂，每年都来祭祀这位父母官。

三十、曹冲救库吏

据《三国志·魏书·武文世王公传》记载：曹操的一副马鞍放在库房里，被老鼠咬坏了，看守库房的守卫很害怕，当时的法律非常严苛，他以为自己一定会死。他与其他同事商量，打算把自己捆绑起来，当面向曹操自首请罪，但心里还是害怕不能免除刑罚。

曹冲听到这件事，就对他说："你别着急，先等待三天，然后再去自首。"

曹冲于是用刀刺穿自己的衣服，弄得像是被老鼠咬坏的一样，还装作很不开心的样子，脸上显出忧愁的神色。曹操见了问他为什么，曹冲对他说："一般人都认为被老鼠咬了衣服，对衣服主人不吉利。今天我起来发现我的衣服被咬坏了，因此心里很难过。"

曹操说："这都是瞎说的，不用为这件事苦恼。"

一会儿，看守库房的小厮来报告马鞍被老鼠咬的事，曹操笑着说："我儿子的衣服就在身边，还被老鼠咬坏了，何况马鞍是悬在梁柱上呢！"就没有追究这件事。

三十一、刘备携民渡江

据《三国志·蜀书·先主传》记载：刘备、诸葛亮在新野大败曹军之后，移驻在樊城。曹操为了报仇，分兵八路，杀奔樊城而来。当时曹军势大，刘备兵微将寡，樊城池浅城薄，诸葛亮料定抵挡不住，便劝刘备放弃樊城，渡过汉水，往襄阳退去。刘备不忍抛弃百姓，就派人在城中遍告："曹兵将至，孤城不可久守，百姓愿随者，可一同过江。"城中百姓，皆宁死相随，难民大概有十几万，辎重有数千辆，日行十几里，走得非常慢。曹操派出轻骑，日行一两百里，在后面疯狂追赶。眼看就要被曹军追上，手下有人对刘备说："宜速行……若曹公兵至，何以拒之？"刘备说："夫济大事必以人为本，今人归吾，吾何忍弃去！"于是刘备令关羽在江边整顿船只，接送百姓。百姓拖家带口，扶老携幼，号泣而行，两岸哭声不绝。刘备在船上见此情景，心中悲恸不已，哭道："为我一人而使百姓遭此大难，还有什么脸面活在世上！"说罢，就要投江自尽。左右急忙抱住，从人见状，莫不痛哭。刘备到了南岸，回顾江北，还有无数未渡江的百姓望南招手呼号。刘备急令关羽催船速去渡百姓过江，直到百姓将要渡完，方才上马离去。

三十二、杏林春暖

据《神仙传》记载：三国时，有仁爱之名的吴国名医董奉，家住庐山。他常年为人治病，却不接受别人的报酬。他治好了得重病的人，只要求被治愈者在他住所周围种植几株杏树。这样十几年以后，杏树有十多万棵。春天来临，董奉眺望杏林，仿佛绿色的海洋，十分欣慰。待到杏子熟了的时候，他对人们说，谁要买杏子，不必告诉我，只要装一盆米倒入我的米仓，便可以装一盆杏子。董奉又用米救济贫苦的农民。董奉去世后，杏林的故事一直流传了下来。后人便以"杏林"作为医界或诊所的代名词，用写有"杏林春暖"的匾额或锦旗赞颂医生的高明医术和高尚医德。

三十三、唐太宗论止盗

　　据司马光《资治通鉴·唐纪》记载：唐太宗与群臣议论怎样禁止盗贼。有人请求使用严厉的刑法来禁止他们。唐太宗微笑着说："老百姓之所以去做盗贼，是由于赋税太多，劳役、兵役太重，官吏们又贪得无厌，老百姓吃不饱，穿不暖，这是切身的问题，所以也就顾不得廉耻了。我应当去掉奢侈的花费，节省开支，减轻徭役，少收赋税，选拔和任用廉洁的官吏，使老百姓穿的吃的都有富余，那么他们自然就不会去做盗贼了，怎么能用严厉的刑法呢！"唐太宗曾对身边的大臣说："君主依靠国家，国家依靠民众。依靠剥削民众来奉养君主，如同割下身上的肉来充腹，腹饱而身死，君主富裕国家就要灭亡。所以，君主的忧患，不是来自外面，而是常在自身。欲望兴盛，费用就会增大；费用增大，赋役就会繁重；赋役繁重，民众就会愁苦；民众愁苦，国家就会危急；国家危急，君主就会丧失政权。我常常思考这些，所以就不敢放纵自己的欲望。"

三十四、唐太宗仁爱士兵

据《贞观政要》记载：贞观十九年（645），太宗亲征高丽，驻扎在定州，只要有士兵到来，太宗都亲临州城北门楼抚慰他们。当时有一个随从的士兵病重，不能进见。太宗诏令把他抬到自己的床前，询问他的病情，下令州县的医官好好给他治疗。等到大军回师驻扎柳城，太宗又诏令收集前后阵亡将士的骸骨，设太牢隆重祭奠。太宗亲临祭祀，为死者哀悼痛哭，全军将士无不落泪。观看祭祀的士兵回到家乡，把这件事情告诉阵亡者的父母，他们的父母说："我们的儿子战死，天子为他哭丧致哀，死了也没有什么遗憾了。"太宗征伐辽东，攻打白岩城，右卫大将军李思摩被乱箭射中，太宗亲自替他吮血止伤，将士们深受感动和激励。

三十五、程颐仁爱万物

据朱熹《伊川先生年谱》记载：程颐曾为年幼的哲宗皇帝讲解经义。有一年初春，课间休息时，哲宗走到院子里，随便把一枝刚刚发芽的柳枝折下来玩，程颐见状走上前严肃地对哲宗说："现在正是春天阳气生发的时候，不应该无缘无故地折断毁坏树枝。"还有一次，程颐听说皇上在宫中起来洗漱时，一定要避开蝼蚁，因而就上朝请问皇上："有这样的事情吗？"皇上说："是的，我害怕伤害了它们。"程颐说："希望陛下把这样的仁爱之心推及四海之内，那么就是整个天下的幸运了。"

三十六、苏轼焚券还屋

宋代费衮《梁溪漫志》记载：苏轼晚年常住在阳羡（今江苏宜兴）。他花五百缗铜钱买了一栋房子，几乎用尽所有的积蓄。搬进新居几天后的一个夜晚，他与朋友出外散步，偶然走到一个村里，听到有一位老妇人哭得非常哀伤。他觉得奇怪，于是就与朋友推门进去，问老太太为什么哭得这么悲伤。老太太说："我有一栋房子，是从祖上传下来的，已经有几百年了，但是我儿子不肖，把它卖给别人了。我现在只好搬到这里来住，所以悲伤。"苏东坡问老太太老房子所在的地方，原来就是自己花五百缗买来的那一栋房子。苏轼再三安慰她说："你的老房子是我买的，你不要太过悲伤，现在我就把它还给你。"于是让人取来房契，当着老太太的面把房契烧了，并且叫老太太的儿子第二天把母亲接回老房子，他也不索要买房子的钱。

三十七、郑板桥做官爱民

据《重修兴化县志·郑燮传》载：郑燮，号板桥，乾隆元年（1736）考中进士。他做山东范县知县时，非常爱护老百姓。他拒绝别人的馈赠和贿赂，处理政务勤敏，公文案卷从不积压。公事之余就和文人们一块饮酒咏诗，几乎忘记他是县官了。后来调任山东潍县（今潍坊）知县，遇上饥荒年景，出现人吃人的局面。郑燮打开官家的粮仓救济百姓。有人劝阻他（让他向上级请示），他说："这是什么时候？等辗转向上级请示报告，老百姓就剩不下一个了。上级有什么谴责，由我来承担责任。"于是拿出粮食若干石，让百姓办好领粮的借据，然后把粮食发给他们，救活了很多人。上级长官也表扬他有办事才干。到了秋季又歉收，他就拿出自己的养廉钱替老百姓交赋税。他在去职离任的时候，把百姓的借据全都烧了。潍县人民对他感恩戴德，给他修建了生祠（来奉祀他）。

郑燮天生有奇才，性格旷达，不拘小节，但对于老百姓的事情却处理得细微详尽，做得十分周到。有一次夜里外出，他听见从一所茅屋中传出读书声，一打听，知道这人叫韩梦周，是穷人家子弟，于是就供给他一些生活费帮助他。韩生中进士后，感念郑燮是自己的知己。

三十八、仁义胡同

　　傅以渐，字于磐，号星岩，是清朝开国状元，官至武英殿大学士兼兵部尚书，可谓是一代名相。他从小天资聪慧，博览群书，熟读经史，过目不忘，特别重视伦理道德修养。

　　清朝康熙年间，傅以渐家人在东关家庙拓修建设时，傅家新建的院墙盖住了邻居地基，邻居以为有碍自家的风水，于是找上门来。傅家刚刚修缮完毕宅院，不愿额外增加开支，与邻居发生纠纷，一时相持不下，于是写信给当时任国史院大学士兼兵部尚书的傅以渐，让他给地方官员通融一下，予以照顾。

　　傅以渐看信后，立即写了回信。家人展开一看，只有四句话："千里捎书只为墙，让他三尺又何妨？万里长城今犹在，不见当年秦始皇。"家人看后，十分羞愧，主动将墙基退让三尺，并主动找邻居道歉。邻居看到相府人家如此仁义，十分感动，便也退让三尺，这条六尺胡同被命名为"仁义胡同"。这件事在乡里传为佳话。后来，康熙皇帝南巡，路过聊城，知道此事，并得知傅以渐在辞官回乡后做了许多有利于地方百姓的义事，顿生褒奖之心，挥笔题写了"仁义胡同"四个字，嵌立墙中，傅以渐的诗也被后人勒石，嵌入墙中。

后　记

　　加强中华优秀传统文化教育，是构建中华优秀传统文化传承体系，推动文化传承创新的重要途径。当今世界，文化在综合国力竞争中的地位和作用更加凸显，越来越成为民族凝聚力和创造力的重要源泉，博大精深的中华优秀传统文化是我们在世界文化的激荡中站稳脚跟的根基。党的十八大以来，习近平总书记在一系列讲话中深刻阐述了中华优秀传统文化在中华民族发展中的重大历史作用、深刻内涵和深远影响。加强中华优秀传统文化教育，是一项长期而艰巨的重大历史任务，在广大青少年中加强中华优秀传统文化教育，更加具有长远的战略意义和重要的时代意义。青少年学生是祖国的未来、民族的希望，加强对青少年学生的中华优秀传统文化教育，对于培养中华优秀传统文化的继承者和弘扬者，推动文化传承创新，建设社会主义先进文化，推进社会主义核心价值观建设具有凝魂聚气、强基固本的重要作用。

中华优秀传统文化是中华民族语言习惯、文化传统、思想观念、情感认同的集中体现，凝聚着中华民族普遍认同和广泛接受的道德规范、思想品格和价值取向，具有极为丰富的思想内涵，凝聚着中华民族自强不息的精神追求和历久弥新的精神财富，是发展社会主义先进文化的深厚基础，建设中华民族共有精神家园的重要支撑，凝聚了千百年来中华民族的生活经验、生存智慧，融入了中华民族的血脉，包含着中华民族最强大的精神基因。习近平总书记指出："要认真汲取中华优秀传统文化的思想精华和道德精髓，大力弘扬以爱国主义为核心的民族精神和以改革创新为核心的时代精神，深入挖掘和阐发中华优秀传统文化讲仁爱、重民本、守诚信、崇正义、尚和合、求大同的时代价值，使中华优秀传统文化成为涵养社会主义核心价值观的重要源泉。"加强对青少年学生的中华优秀传统文化教育，要以弘扬爱国主义精神为核心，以家国情怀教育、社会关爱教育和人格修养教育为重点，着力完善青少年学生的道德品质，培育理想人格，提升政治素养。

《中华优秀传统文化教育读本》是我主持的中宣部文化名家暨"四个一批"人才自主选题资助项目"中华优秀传统文化教育研究"课题的研究成果，本课题于2014年批准立项，我任课题主持人，课题组先后在北京、山东曲阜孔子诞生地尼山、浙江杭州、陕西延安召开中华优秀传统文化学术交流会，邀请知名专家、教授深入开展中华优秀传统文化教育研究，为中华优秀传统文化教育提供理论和学术研究支撑，组织编写中华优秀传统文化教育读本。开展中华优秀传统文化教育研究的主要内容，重点围绕习近平总书记提出的"讲仁爱、重民本、守诚信、崇正义、尚和合、求大同"展开阐述研究。《中华优秀传统文化教育读本》内容包括仁爱、民本、诚信、正义、和合、大同六大方面，由我任总主编，各分册编写者分别为：《仁爱：中华文化的核心力量》由韩星教授主编；《民本：中华文化的价值追求》由高伟教授主编；《诚信：中华文化的做人准则》由党怀兴教授主编，刘影、贾红、谢佳伟、任健行参加编写；《正义：中华文化的道德原则》由雷原教授主编，赵易参加编写；《和合：中华文化的独特品质》由王永智教授主编；《大同：中华文化的社会理想》由于建福教授主编，于超参加编写。

《中华优秀传统文化教育读本》分为三部分编写。第一部分：理论概述。从理论和学术角度，深入开展中华优秀传统文化教育研究，为中华优秀传统文化教育提供理论基础和学理支撑。第二部分：经典选编。从历代中华优秀传统文化典籍中精选名篇，按照经典简介、作者简介、选文、注释、翻译、解读等方面内容编写。第三部分：经典故事。从历代中华优秀传统文化典籍中精选经典故事，用讲故事的方式，普及中华优秀传统文化。因此，本系列读本既是中华优秀传统文化教育的理论学术研究成果，也是中华优秀传统文化教育的普及读本，为全国大中小学学生、教师和党政机关、企事业单位干部学习中华优秀传统文化提供的重要学习读物，也是在全国中小学教师中开展中华优秀传统文化教育培训，提高各级各类学校教师开展中华优秀传统文化教育能力的培训教材。

本课题在立项研究过程中得到中宣部文化名家暨"四个一批"人才自主选题资助项目的指导和帮助。在课题研究和系列读本的编写过程中，中宣部、教育部有关部门给予了大力支持和指导；北京大学、清华大学、中国人民大学、北京师范大学、陕西师范大学、西北大学、江苏师范大学、中国社会科学院、国家教育行政学院、北京汤用彤书院等院校的专家、教授参与研究和编写读本，在此一并致谢！这里，我还要特别感谢著名文化教育大家张岂之先生、楼宇烈先生，在著事繁忙中拨冗欣然为本系列读本作序推荐。这里，我还要特别感谢中国大百科全书出版社对本系列读本出版的大力支持和帮助，感谢刘国辉社长的高度重视，感谢编辑们的悉心编辑和付出的心血！由于水平有限，本系列读本在编写过程中还有不足，恳请各位专家和读者不吝指教！

翟　博

2020年1月